高等职业教育经济与管理类专业系列教材

U0653226

ERP沙盘模拟运营实训教程

主　编　刘　洁　闫沛辰
副主编　曾　磊　乔新欢

微信扫描
获取课件等资源

南京大学出版社

实训须知

1. 明确实训的目的和意义，了解各阶段实训内容和具体要求，勤于思考，虚心向指导教师请教，努力提高管理、分析和解决问题的能力。

2. 学生在实训期间必须认真完成规定的实训内容。实训结束后，按时按要求完成实训总结报告，交指导教师批阅，不得无故不写或不交实训报告。

3. 严格遵守学院作息时间及实训纪律，不迟到、不早退、不旷课，自觉维护学院良好形象。

4. 实训期间一般不得请假，特殊情况需请假者，按照实训课程有关规定执行。

5. 实训室是进行教学活动的重要场所。学生应服从指导教师的指导，严格遵守实验室的各项制度和操作规程，室内保持肃静、整洁，不准吸烟，不准大声喧哗、打闹，不准乱丢纸屑杂物。

6. 禁止携带食物进入实训教室，注意安全，遇到问题立即向指导教师报告，寻求解决。

7. 自觉爱护室内的一切仪器设备和其他财产，不得将实验室物品乱拿、乱用、乱拆、乱装或私自带出室外。

8. 每天实训结束后，按照指导老师课堂上指导的方式与方法，关闭电脑，盖好桌面并整理好用品，方可离开实训室。

目　录
Contents

模块 1　基础理论

在使用电子沙盘进行虚拟仿真实训之前,学员应做好充分的准备。在了解企业模拟经营沙盘理论知识的基础上,做好运营准备。

【任务目标】

　　◈　掌握 ERP 企业经营沙盘模拟的内涵。

　　◈　了解模拟沙盘的起源、发展阶段及应用。

　　◈　明确企业模拟经营沙盘实训课程的基本内容。

【任务提出】

　　企业模拟经营沙盘分为手工沙盘和电子沙盘两种,在真正操作沙盘之前,学员要对沙盘有一定的了解。企业经营沙盘模拟是一个内涵和外延都相当丰富的概念,集成了众多的管理思想和信息技术的应用,其功能覆盖了企业运营和管理的方方面面。进行企业经营沙盘模拟实训,就必须掌握企业经营沙盘的内涵、起源、发展及应用,了解企业经营沙盘模拟实训课程的基本内容与要求。

1.1　ERP 沙盘概述

1.1.1　ERP 简述

　　企业资源计划 ERP(Enterprise Resource Planning),由美国 Gartner Group 公司于 1990 年提出。企业资源计划是一种主要面向制造行业,有效组织计划和实施企业物质资源、资金资源和信息资源集成一体化管理,涵盖"人""财""物"管理的企业信息供应链管理思想。

　　ERP 是一个以管理会计为核心,可以提供跨地区、跨部门,甚至跨公司整合实时信息的企业管理信息平台。针对物资资源管理(物流)、人力资源管理(人流)、财务资源管理(财流)、信息资源管理(信息流)集成一体化,将企业内部以及企业外部供需链上所有的资源与信息进行统一的管理,以求在资源有限的情况下,实现利润最大化。

沙盘模拟 即针对代表先进的现代企业经营与管理技术——ERP(企业资源计划系统),设计的角色体验的实验平台。通过模拟企业的经营,来培养团队精神,全面提升管理能力。

1.1.2　沙盘模拟的起源

沙盘一词最早源于战争年代军事作战指挥,它采用各种模型来模拟战场的地形及武器装备的部署情况,结合战略与战术的变化来进行推演。沙盘,是根据地形图或实地地形,按一定的比例尺用泥沙、兵棋等各种材料堆制而成的模型。在军事上,常供研究地形、敌情、作战方案、组织协调动作和实施训练时使用。

1.1.3　沙盘模拟的发展阶段

沙盘的发展主要经历三个阶段,具体如下。

1. 第一阶段,用于军事作战

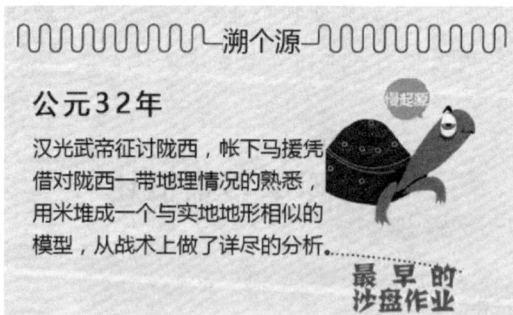

沙盘在我国已有悠久的历史。据《后汉书·马援列传》记载,汉光武帝征讨陇西的隗嚣,召名将马援商讨进军战略。马援对陇西一带的地理情况很熟悉,就用米堆成一个与实地地形相似的模型,从战术上做了详尽的分析。光武帝刘秀看后,高兴地说:"敌人尽在我的眼中了!"这就是最早的沙盘作业。

19 世纪末和 20 世纪初,沙盘主要用于军事训练,在军事上取得了极大的成功。第一次世界大战后,沙盘不断发展演变,现在有地形沙盘、建筑模拟沙盘、工业地形沙盘、房地产沙盘、企业经营沙盘等。

2. 第二阶段,应用于教学

企业沙盘模拟培训源自西方军事对抗作战,通过红、蓝两军在战场上的对抗与较量,使作战指挥员不需要亲临现场就能清晰地总揽全局,发现双方战略战术上存在的问题,从而运筹帷幄,做出最优的决策,节省实战演习的巨大经费开支。该种模拟不受士兵演习时间与空间的限制,因而在世界各国运用广泛。

自从 1978 年被瑞典皇家工学院的 Klas Mellan 开发之后,ERP 沙盘模拟演练迅速风靡全球。现在国际上许多知名的商学院(如哈佛商学院、瑞典皇家工学院等)和一些管理咨询机构都在用 ERP 沙盘模拟演练,对职业经理人、MBA、经济管理类学生进行培训,以期提高他们在实际经营环境中决策和运作的能力。

3. 第三阶段,广泛推广

20 世纪 80 年代初期,该课程被引入我国,率先在企业的中高层管理者培训中使用,并快速发展。21 世纪初,用友、金蝶等软件公司相继开发出了 ERP 沙盘模拟演练的教学版,将它推广到高等院校的实验教学过程中。现在,越来越多的高等院校为学生开设了"ERP 沙盘模拟"课程,并且都取得了很好的效果。

1.2　ERP 沙盘模拟课程简介

1.2.1　企业经营沙盘简介

智慧云 ERP 经营沙盘模拟利用直观形象的沙盘教具,构建仿真企业环境,让学生以企业管理者角色进入场景,并在动态的市场竞争中亲身体验企业运作的全过程,参与企业的资金流、物流、信息流及其协同工作,实现企业资源的有效配置与协调。以企业资源计划基础为背景,按照制造企业的职能部门划分职能中心(包括营销与规划中心、生产中心、物流中心和财务中心),以战略规划、资金筹集、市场营销、产品研发、生产组织、物资采购、设备投资与改造、财务核算与管理等几个部分为设计主线,把企业运营所处内外部环境抽象为一系列规则,直观地标示出虚拟企业的生产经营状况。

1.2.2　企业经营沙盘实训课程内容

在 ERP 沙盘模拟经营实训中,5 位同学为一组,组成多个相互竞争的模拟管理企业,每个小组的成员分任总经理、财务总监、生产总监、采购总监、销售总监,在连续若干年模拟经营中,各个小组面对同行竞争、市场与产品单一,在获取资源、占领市场、争夺订单及赢得利润等方面进行较量,保证企业流畅运转,取得商业上的成功及持续成长。

ERP 沙盘实训涉及诸多企业管理方面的知识,如企业整体战略、产品研发、生产编制、市场营销、财务管理、财务核算、团队沟通与合作等多个方面,具体内容如图1-1所示。

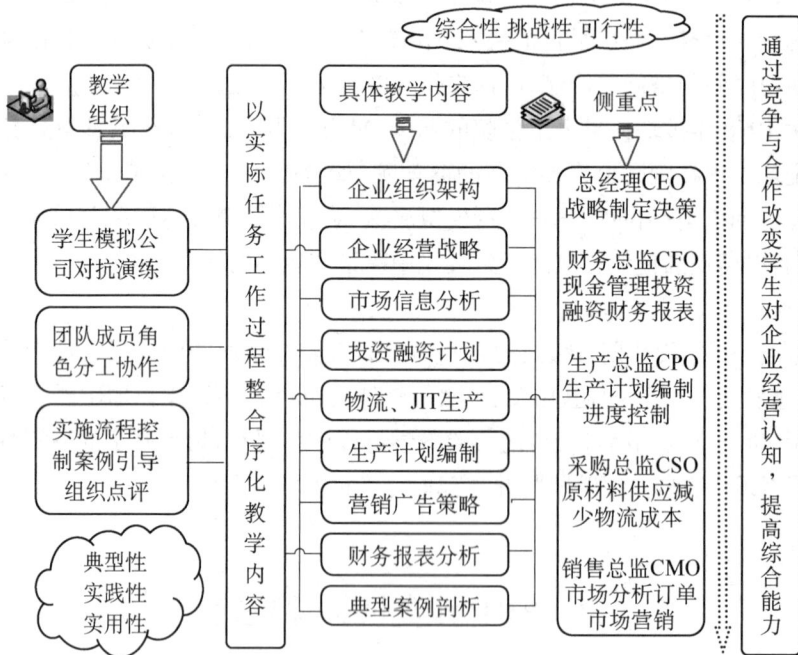

图 1-1 经营沙盘模拟实训课程内容

通过受训者参与→沙盘载体→模拟经营→对抗演练→老师评析→学生感悟等一系列环节,将理论与实践融为一体,集角色扮演与岗位体验于一身。学生在分析市场、制订战略、营销策划、组织生产、财务管理等活动中,参悟科学的管理规则,培养团队协作精神,全面提升管理能力,同时对企业资源的管理过程有一个实际的体验。

1.2.3 企业经营沙盘实训课程目标

“ERP 沙盘虚拟仿真实训”是金融管理、财务管理、市场营销、会计、电子商务等经济管理类专业管理课程的综合实践教学环节,涉及企业战略规划、市场预测、全面预算、财务运作、会计报表编制、采购管理、生产运营、营销策划等多学科理论知识和实践技能,是培养学生掌握和运用所学财务管理各模块知识的重要组成部分。企业模拟经营沙盘对抗可帮助学员站在高层领导的角度认清企业运营状况,建立企业运营的战略视角,了解企业中物流、资金流、信息流如何做到协同统一,认识到 ERP 系统对于提升公司管理的价值。

通过本实践课程的学习,学生熟悉企业财务管理、财务运营的全过程,为今后到企业从事相关工作打下良好基础。这种模拟有助于学员形成宏观规划、战略布局的思维模式。通过这一模拟,学员对生产企业各环节的业务都会达成一致的理性及感性认识,形成共通的思维模式,形成促进沟通的共同语言。

1.2.4　实训教学方法及成绩评定

1. 实训教学方法

智慧云 ERP 管理会计实训作为一门"仿真"企业实际经营运作的课程,在 PDCA [即计划(Plan)、执行(Do)、检查(Check)、处理(Action)]理论基础上结合任务驱动设计的 PDDCEA 循环教学法,突出任务引领下的任务评价(Evaluate)和任务调整(Adjust),强调经过反思进行调整进而促进教学效果提升的过程。在典型的项目驱动下展开教学活动,引导学生由简到繁,由易到难,循序渐进地完成一系列任务,从而得到清晰的方法、思路,在完成任务的过程中,培养学生分析问题、解决问题的能力。强调学生的自主性、师生互动性与角色的体验性,改变过去传统教学中以教师为中心,以理论讲解为中心的"满堂灌"教学方法,其实施与目标教学紧密结合,体现以学生为主体和能力本位教学理念,如图 1-2 所示。

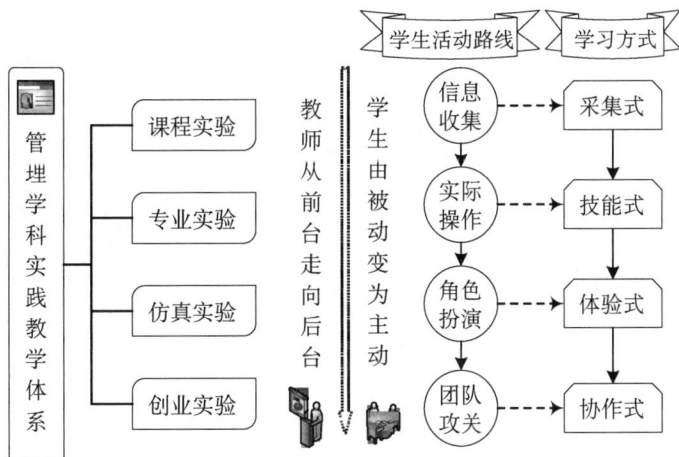

图 1-2　管理学科实践教学体系图

2. 实训成绩评定

(1) 日常考核。

此部分占实训总成绩的 20%,具体包括出勤情况(10%)、测试成绩(40%)、实训总结汇报(20%)、团队展示(10%)、指导老师评分(20%)。指导老师不定时对学生的实训态度、实训表现及操作情况进行评定。

(2) 沙盘模拟竞赛考核。

此部分占实训总成绩的 60%,具体包括第一轮成绩排名、第二轮成绩排名、运营记录全面、团队配合以及运作规范情况,以上分数按每组实际表现加减。

(3) 公司经营分析报告。

此部分占实训总成绩的 20%。公司经营分析报告的撰写要求及评分标准如下:

① 不得少于 800 字,图、表、文字配置实用合理,格式美观大方,无错字病句。

② 理论分析与实战操作结合,注重发现问题、分析问题和解决问题,经营统计数据占有充分、运用合理。

③ 结构合理、条理清晰、观点准确、论证有论据,解决问题建议要具体、可操作、有说服力。

模块 2　组建团队

企业管理沙盘模拟将企业的主要部门和工作对象制作成类似的实物模型,将企业运行过程设计为运作规则,进而模拟企业的经营过程。企业管理模拟一般将学员按 5 人分成小组,在了解企业组织情况的基础上,组建自己的模拟企业,确定目标,明确职责。

【任务目标】
◆ 熟悉企业有哪些职能部门和职能岗位,明确组织结构。
◆ 了解模拟企业的经营环境,学会对市场进行分析。
◆ 了解企业起始年的年初财务状况和企业经营状况。

【任务提出】
在企业 ERP 虚拟仿真经营沙盘模拟实训中,每 4～5 位学生组建一个经营团队,将其假定为一家公司,团队每一位成员只有做到目标一致、分工明确,才能优势互补,成功经营企业。

2.1　企业组织结构

2.1.1　企业组织结构概述

企业经营管理涉及企业战略的制订与执行、市场营销、采购与生产管理、财务管理等多项内容。在企业中,这些职能分别是由不同的业务部门履行的,企业经营管理过程也是各种职能部门协同工作、共同努力,最终实现企业目标的过程。所谓企业的组织结构,就是组织内部对工作的正式安排。

狭义的组织结构,是指为了实现组织的目标,在组织理论指导下,经过组织设计形成的组织内部各个部门、各个层次之间固定的排列方式,即组织内部的构成方式。广义的组织结构,除了包含狭义的组织结构的内容外,还包括组织之间的相互关系类型,如专业化协作、经济联合体、企业集团等。

企业创建之初,任何一个企业都要建立与其企业类型相适合的组织结构,组织结构是保证企业正常运转的基本条件。19世纪末20世纪初,西方大企业普遍采用的是一种按职能划分部门的纵向一体化的职能结构,即U型结构。特点是企业内部按职能(如生产、销售、研发等)划分成若干部门,各部门独立性很小,均由企业高层领导直接进行管理,即企业实行集中控制和统一指挥。企业ERP经营沙盘模拟课程,采用了简化企业组织结构的方式,企业组织由几个主要角色代表,包括企业首席执行官(总经理)、生产总监、销售总监、采购总监和财务总监。模拟企业的组织结构,如图2-1所示。

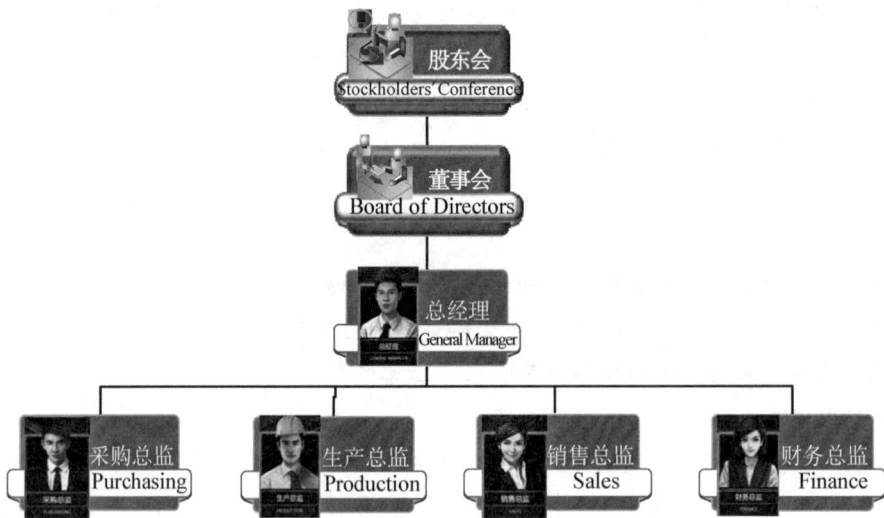

图 2-1　模拟企业组织架构图

2.1.2　企业四大职能中心

从根本上来讲,企业的经营管理工作是一个过程,所有的管理者为了实现预期的目标都要从事一些相互关联的活动,这些互相关联的活动我们称之为管理的职能(Functions of Management)。管理的职能是指管理在社会经济活动中所发挥出来的功能,管理活动的顺利运行正是通过正确执行这些基本的职能来进行的。

1. 销售总监负责营销与规划中心

营销与规划中心的职能如表2-1所示,该中心的运营由销售总监(Sales)负责。如果市场开发不好,企业将难以得到较高的市场占有率。因此,营销与规划中心非常重要。

表 2-1　营销与规划中心的职能

职能中心	企业运营关键环节	主要任务	简要说明	备注
营销与规划中心	战略规划市场营销	做好市场开拓规划	确定企业需要开拓哪些市场,可供选择的有本地、区域、国内、亚洲和国际市场	市场开拓完成后方可接对应市场的订单
		做好产品研发规划	确定企业需要研发哪些产品,可供选择的产品有 P1、P2、P3、P4 和 P5	产品研发完成后才可生产对应的产品
		做好 ISO 认证规划	确定企业需要争取获得哪些国际认证,包括 ISO 9000 质量认证和 ISO 14000 环境认证	ISO 认证完成后才可以接附加条件的订单
		统计好四个成品库	分别记录每种产品的数量,按时交货	保证有足够的产品按时交货,防止出现违约现象的发生

2. 生产总监负责生产运营中心

生产运营中心职能如表 2-2 所示,该中心的运营由生产总监(Production)负责。生产产品是储备企业的弹药,如果生产运营没有控制好,企业将很难得到迅速发展。产能过剩会大量消耗企业资金,很可能导致企业破产。因此,生产运营中心至关重要。

表 2-2　生产运营中心的职能

职能中心	企业运营的关键环节	主要任务	简要说明	备注
生产中心	生产组织	做好厂房方案	沙盘盘面上有 A、B、C、D 厂房,每个厂房最多可以建设四条线	厂房可租可买,可以根据资金宽裕程度灵活掌握
		建造或调整三种生产线	有手工生产线、自动生产线和柔性生产线,不同生产线的生产效率和灵活性不同	生产线投资完成后方可生产,注意各条生产线的优劣势分析
		做好开发新产品规划	五种产品主要生产哪种产品	企业正在进行生产的产品

3. 财务总监负责财务中心

财务中心的职能如表 2-3 所示,该中心由财务总监(Finance)负责。财务中心是企业资金保险的核心阵地,一方面要尽量节省不必要的财务开支,另一方面又要保证企业正常运营。有道是"巧妇难为无米之炊",有的时候资金没规划好,企业可能因为资金短缺而破产。因此,财务中心也是不可或缺的。

表 2-3 财务中心的职能

职能中心	企业运营关键环节	主要任务	简要说明	备 注
财务中心	会计核算财务管理	看好现金库	用来存放现金,现金以数额表示,每个价值 1 万元	
		算好长期、短期贷款	贷款种类不同,年限、期限、利息也不同	长期贷款按年计算,分期付息到期还本;短期贷款按季度计算,到期一次性还本付息
		统计好应收、应付账款	按期限不同,用数额表示	应收账款和应付账款都是分账期的,到期兑现
		核算好综合管理区域费用	将发生的各项费用置于相应区域	应付职工薪酬不从财务处提取

4. 采购总监负责物流中心

物流中心的职能如表 2-4 所示,该中心由采购总监(Purchasing)负责。物流中心是企业产品原材料控制的核心基地,任何产品生产前必需储备好必要的原材料,既不要多采购(造成资金压力和浪费),又不能少采购(造成停工待料、无法交货)。因此,该中心也特别重要。

表 2-4 物流中心的职能

职能中心	企业运营关键环节	主要任务	简要说明	备 注
物流中心	采购管理库存管理	计算好采购提前期	企业中有四种原材料 R1、R2、R3 和 R4 原材料,每种采购提前期不同	计算好采购量,防止停工待料,影响交货
		统计好原材料库	原材料有质保期,质保期一到原材料自动消失	记录仓库中原材料的到期日
		精准计算好原材料订单	代表与供应商签订的订货合同,单击界面可以看到订单数量大小	巧妙运用订单的账期,可以实现"借鸡生蛋"

2.1.3 职业管理岗位职能

考虑到企业业务职能部门的划分,可以把学生按 4～5 人分为一组,组成一个企业,每个人扮演不同角色。各组学员可以根据自己的专长选择不同的职能部门,当人数较少时,可一人身兼两职,如财务总监由采购总监兼任。在受训时间允许的情况下,可以选择与实际任职不同的职位,以体验换位思考。另外,在课程进行的不同阶段,也可以互换角色,以熟悉不同职位的工作及流程。

在模拟企业中主要设置 5 个基本职能部门,其主要职责如表 2-5 所示。下面对每个角色的岗位职责做简单的描述,以便受训者根据自身情况选择扮演相应角色。

表 2-5　模拟企业基本职能部门

岗　位	职能中心	企业运营环节	职责要求
总经理			组建团队落实职责、制订发展战略、竞争格局分析、日常经营管理
财务总监	财务中心	会计核算	日常现金管理、成本费用控制、长短贷选择、应收应付统计
销售总监	营销与规划中心	市场营销	市场调查分析、制订销售计划、按时交货、品牌发展策略
生产总监	生产运营中心	生产组织	固定资产投资、编制生产计划、平衡生产能力、生产车间管理
采购总监	物流中心	采购库存	编制采购计划、监控采购过程、计算采购日期

模拟企业的各岗位职能定位如下。

1. 总经理

企业所有的重要决策均由总经理带领团队成员共同决定。如果大家意见不同,由 CEO 拍板决定。

2. 生产总监

生产总监是企业生产部门的核心人物,对企业的一切生产活动进行管理,并对企业的一切生产活动及产品负最终的责任。生产总监既是计划的制订者和决策者,又是生产过程的监控者,对企业目标的实现负有最大的责任。他的工作是通过计划、组织、指挥和控制等手段实现企业资源的优化配置,创造最大经济利益。

生产管理的范畴主要包括负责公司生产、安全、仓储、保卫及现场管理方面的工作,协调完成生产计划,维持生产成本稳定运行,并处理好有关的外部工作关系;生产计划的制订落实及生产和能源的调度控制,保持生产正常运行,及时交货;组织新品研发,扩充并改进生产设备,不断降低生产成本;做好生产车间的现场管理,保证安全生产;协调扩充并处理好有关的外部工作关系。

3. 销售总监

企业的利润是由销售收入带来的,销售是企业生存和发展的关键,营销总监在企业中的地位不言自明。营销总监所担负的责任是销售管理。

销售和收款是企业的主要经营业务之一,也是企业联系客户的门户。为此,销售主管应结合市场预测及客户需求制订销售计划,有选择地进行广告投放,取得与企业生产能力相匹配的客户订单,与生产部门做好沟通,保证按时交货给客户,监督货款的回收,进行客户关系管理。

营销总监还可以兼任商业间谍的角色,因为他最方便监控竞争对手的情况,如对手正在开拓哪些市场,未涉及哪些市场,他们在销售上取得了多大的成功,他们拥有哪类生产线,生产能力如何……充分了解市场、明确竞争对手的动向有利于今后的竞争与合作。

4. 采购总监

采购是企业生产的首要环节。采购总监负责制订并实施采购供应计划,分析各种物资供应及企业供求变化情况。力求从价格上、质量上把好第一关,确保在合适的时间点采购合适的品种及数量的物资,为企业生产做好后勤保障。

5. 财务总监

在企业,财务与会计的职能常常是分离的,它们有着不同的目标和工作内容。会计主要负责日常现金收支管理,定期核查企业的经营情况,核算企业的经营成果,制订预算及成本数据的分类和分析。财务的职责主要负责资金的筹集、管理;做好现金预算,管好、用好资金。这里将其职能归并到财务总监,其主要任务是管好现金流,按需求支付各项费用、核算成本,按时报送财务报表并做好财务分析;进行现金预算、采用经济有效的方式筹集资金,将资金成本控制到较低水平。

组建企业管理团队后,企业管理团队将领导公司未来的发展,在变化的市场中进行开拓,应对激烈的竞争。企业能否顺利运营下去取决于管理团队正确决策的能力。每个团队成员尽可能在做出决策时利用自己的知识和经验,不匆忙行动而陷入混乱。

2.2 企业的创立

2.2.1 企业的经营环境

ERP 沙盘作为企业运营管理的道具,系统性地体现出企业的主要业务流程,旨在向学员介绍模拟企业当前的生产设施和生产过程、财务资金运转过程、市场营销和产品销售、原材料供应、产品研发等经营状况。

本书模拟的是一个处于创业期的生产制造型企业,为了避免学生将该模拟企业与他们所熟悉的行业不经意地产生关联,本实训平台将生产制造的产品设定为一个虚拟的产品,即 P 系列产品:P1、P2、P3、P4 和 P5。该企业长期以来一直专注于某行业 P 产品的生产与经营。

最近,一家权威机构对该行业的发展前景进行了预测,认为 P 产品将会从目前的相对低技术水平发展为一个高技术产品。为了适应技术发展的需要,公司董事会及全体股东决定将企业交给一批优秀的新人(模拟经营者)去发展,他们希望新的管理层能完成以下工作:

（1）开发新产品，使公司的市场地位进一步得到提升。

（2）开发新市场，进一步拓展市场领域。

（3）扩大生产规模，采用现代化生产手段，努力提高生产效率。

（4）制订企业发展战略，包括确定何时开始研发何种产品，确定何时开始开拓哪个市场等。

（5）研究在信息时代如何借助先进的管理工具提高企业管理水平。

（6）增强企业凝聚力，形成鲜明的企业文化。

（7）加强团队建设，提高组织效率。

简而言之，随着 P 行业从一个相对低技术水平发展到一个相对高技术水平，新的管理团队必须创新经营、专注经营，实现公司董事会及全体股东的期望，取得良好的经营业绩。

2.2.2　企业角色定位

目前，国家经济状况发展良好，消费者收入稳步提高，P 行业将迅速发展。然而该企业生产制造的产品几乎全部在本地区域市场进行销售，董事会和股东认为可以在本地市场以外的国内甚至国外市场进行发展，董事会希望新的管理层去开发这些市场。同时，产品 P 在本地市场知名度很高，客户很满意，然而要保持市场地位，特别是进一步提升市场地位，企业必须投资新产品开发，目前已存在一些处于研发中的新产品的项目。在生产设施方面，目前的生产设施状态良好，但是在发展目标的驱使下，预计必须投资额外的生产设施。具体方法可以是建新的厂房或将现有的生产设施现代化。

在 ERP 沙盘运营中，不同市场投入的费用及时间不同，只有市场投入全部完成后方可接单。企业市场包括本地、区域、国内、亚洲、国际市场（市场开发只能在每年年初投入）。下面以官方规则为例，教大家分析市场，以根据不同的目标市场进行详细分析。

本地市场将会持续发展，客户对 P1 产品的需求会逐渐下滑，但是低端产品的价格不会出现较大的波动。有迹象表明，后几年随着高端产品的成熟，对于新兴的技术，目前这一市场上的客户将会以观望为主，因此对 P4、P5 产品将会谨慎地接受，但由于受到地域的限制，产品仍需要一段时间才能被市场所接受，需求将会发展较慢，该市场的需求总量比较有限。

因区域市场紧邻本地市场，区域市场的客户对 P 系列产品的喜好以及需求量的走势可能与本地市场相似，价格趋势也大致一样。该市场的客户比较乐于接受新的事物，因此对于高端产品也会比较有兴趣。因为 P1 产品带有较浓的地域色彩，但 P2 产品更适合国内市场，所以估计需求会一直比较平稳。

本地和区域市场预测如图 2-2 所示。

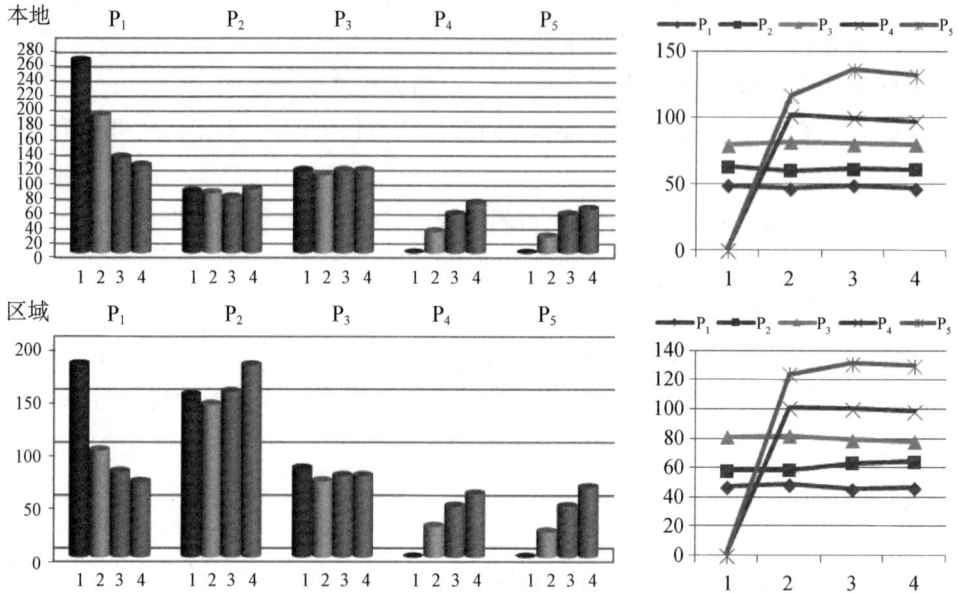

图 2-2　本地和区域市场预测

注意：左图纵坐标表示数量，横坐标表示年份，右图纵坐标表示价格，横坐标表示年份。

2.2.3　团队组建

在沙盘对抗实训中，要将所有的学生分成若干个团队，团队就是由少数有互补技能，愿意为了共同的目的、业绩目标和方法而相互承担责任的人组成的群体。而在每个团队中，各学生分别担任重要职位，包括总经理、财务总监、营销总监、生产总监和采购总监等职位。在经营过程中，团队的合作是必不可少的。要想打造一支高效的团队，应注意以下几点。

1. 有明确的共同目标

团队要想发展，就必须有一个共同目标，这个目标可以使团队的成员向相同的方向用力，能够激发每个团队成员的积极性，并且使队员行动一致。团队要将总体的目标分解为个体的、可度量的、可行的行动目标。这些具体的目标和总体目标要紧密结合，并且要根据实际情况随时做相应的修正。比如一个团队确立了自己 4 年的发展总目标后，还要分解到每一年和每一季度具体如何运营。

2. 确保团队成员有互补能力

团队必须是一个完善的能力组合，每一个岗位所需的成员能力素质的侧重点有所不同。比如担任财务总监的成员就要比较细心，对财务的相关知识有一定的了解，担任生产总监的成员要具备一定的数字计算能力和逻辑推理能力，还要能够熟练操作计算机，而担任总经理职务的人就应该具备比较强的协调能力和组织能力等。

3．有一位团队型领导

要成为一个高效、统一的团队，团队领导就必须学会充分调动每个成员的积极性，在缺乏足够的信息和统一意见的情况下及时做出决定，果断的决策机制往往是以牺牲民主和不同意见为代价的。对于团队领导而言，最难避免的莫过于被团队内部虚伪的和谐气氛所误导，并采取种种措施，努力引导和鼓励适当的、有建设性的良性冲突。将被掩盖的问题和不同意见摆到桌面上，通过讨论和合理决策将其加以解决，否则的话，将对企业的发展造成巨大的影响。

4．履行好各自的责任

各成员应该按照自己的岗位职责进行经营活动，并且把自己的工作做好。比如采购总监要负责原材料的及时采购，如果出现差错，将直接影响以后的生产，而生产的产品数量又影响到交单的情况。所以一个小环节的疏漏，可能会导致满盘皆输。

作为团队的一员，首先要尊重别人。法国哲学家罗西法古曾说过："如果你要得到仇人，就表现得比你的朋友优越；如果你要得到朋友，就要让你的朋友表现得比你优越。"当我们让朋友表现得比他们还优越时，他们就会有一种被肯定的感觉；但是当我们表现得比他们还优越时，他们就会产生一种自卑感，甚至对我们产生敌视情绪。因为谁都在自觉不自觉地强烈维护着自己的形象和尊严，我们要给予对方充分的尊重。其次，要能够接受批评，从批评中寻找积极成分。如果团队成员对你的错误大加抨击，即使带有强烈的感情色彩，也不要与之争论不休，而是从积极方面来理解他的抨击。这样，不但对你改正错误有帮助，也避免了语言敌对场面的出现。最后，要善于交流。同在一个团队，我们与其他团队成员之间会存在某些差异，知识、能力、经历造成我们在对待和处理问题时会产生不同的想法。交流是协调的开始，把自己的想法说出来后，要想听对方的想法，我们会经常说这样一句话："你看这事该怎么办，我想听听你的看法。"

总之，作为一名员工，应该注重自己的思想感情、学识修养、道德品质、处世态度、言行举止，做到坦诚而不轻率、谨慎而不拘泥、活泼而不轻浮、豪爽而不粗俗，这样一定可以和其他团队成员融洽相处，提高自己团队作战的能力。

2.3 企业财务状况分析

企业经营模拟是模拟运营一个新建企业。虽然已经从基本情况描述中获得了企业运营的基本信息，但还需要把这些数字再现到沙盘盘面上，由此为下一步的企业运营做好铺整。通过初始状态设定，也使学生深刻地感受到财务数据与企业业务的直接相关性，理解财务数据是对企业运营情况的一种总结提炼，为今后"透过财务看经营"做好观念上的准备。

企业的财务状况，是指企业资产、负债和所有者权益的构成情况及相互关系，企

业的财务状况由企业对外提供的财务报告——资产负债表和利润表来表述,主要遵守会计恒等式规则,即:

$$所有者权益＝资产－负债$$

在"企业经营沙盘模拟"课程中,根据课程设计所涉及的业务对资产负债表和利润表中的项目进行了适当的简化,形成了如表2-6所示的简易结构。

表 2-6 沙盘中简化资产负债表

资　产	期初数	期末数	负债和所有者权益	期初数	期末数
流动资产:			负债:		
现金			长期负债		
应收账款			短期负债		
在制品			应付账款		
产成品			应交税金		
原材料			一年内到期的长期负债		
流动资产合计			负债合计		
非流动资产:			所有者权益:		
土地和建筑			股东资本		
机器和设备			利润留存		
在建工程			年度净利润		
非流动资产合计			所有者权益合计		
资产合计			负债和所有者权益总计		

2.3.1 资产

资产是指过去的交易或者事项所形成的,并由企业拥有或者控制的资源,该资源预期会给企业带来经济利益。资产按照流动性(变现能力)分为流动资产和非流动资产两种。

1. 流动资产

流动资产是指企业可以在一年或者超过一年的一个营业周期内变现或者运用的资产。企业经营沙盘模拟中的流动资产有现金、应收账款、在制品、产成品、原材料五项。其中,在制品、成品和原材料都属于企业的存货。

(1)现金。

现金是企业中流通性最强的资产,可以用于各种即时的支付,是企业现金总表中的现金数额。

(2)应收账款。

应收款是由企业赊销形成的。当企业按订单出售产品时,会形成订单中规定账期的应收款。经过一段时间后,应收款可以回收为现金。若企业现金不足,则可以通过贴现业务将应收款变为现金。

（3）在制品。

在制品是企业正在加工的产品。

（4）产成品。

产成品是完成全部生产过程,可供销售的产品。

（5）原材料。

生产某种产品的基本原材料,是用于生产过程起点的产品。

2．非流动资产

非流动资产是指企业使用期限超过一年的房屋、建筑物、机器、机械、运输工具以及其他与生产、经营有关的设备、器具、工具等。企业经营沙盘模拟中的固定资产有 3 项:土地和建筑、机器与设备和在建工程。

（1）土地和建筑。

企业经营沙盘模拟中的该项目特指厂房,如企业购买了厂房,则该项目反映厂房的价值。

（2）机器与设备。

企业经营沙盘模拟中该项目是指现有生产线的净值。净值是指每条生产线进行每年折旧后的价格。

（3）在建工程。

在建工程是未完工的生产线的价值。

2.3.2　负债

负债是指企业过去的交易或者事项形成的,预期会导致经济利益流出企业的现时义务。企业经营沙盘模拟中负债有长期贷款、短期贷款、应付账款、应付税金四个项目。

1．长期贷款

长期贷款是指期限超过一年的债务,分期付息,到期还本。

2．短期贷款

短期贷款是指期限在一年以内的债务,企业经营沙盘模拟中短期贷款到期需一次性本息偿还。

3．应付账款

应付账款是指因购买材料、商品或接受劳务供应等而发生的债务。企业经营沙盘模拟中可设定批量购买原材料时获得一定时期的延期付款。

4．应付税金

在企业经营沙盘模拟中,若企业当年有盈利并且需要缴纳所得税,则该项费用的实际支付时间为下个经营年度的年初,在当年年末的资产负债表中记为“应付税金”。

2.3.3　所有者权益

所有者权益是指资产扣除负债后由所有者享有的剩余利益。企业经营沙盘模拟中所有者权益是股东资本、利润留存和年度净利润三个项目之和。

1. 股东资本

该项目是股东投入企业的资本,若企业破产后股东增资,该项目相应改变。

2. 利润留存

利润留存指企业税后利润减去应发现金股利的差额。企业经营沙盘模拟中不考虑股东分红,该项目是指截至上一个经营年度企业全部净利润的总和。

3. 年度净利润

年度净利润是指企业利润总额扣除所得税后的净利润。

模块 3 角色定位

ERP 企业运营沙盘模拟竞赛是一项实训教学课堂,每家企业要想在竞争中取胜,就要构建出适合自己企业的独特团队,明确工作限制,确定工作职能。

【任务目标】
◆ 分析模拟企业各角色岗位的任职要求。
◆ 学会重新构造各角色岗位,明确各自的工作限制。
◆ 熟悉各个岗位的操作界面,掌握自己的职责。

【任务提出】
以生产型企业为背景,每个参赛学生置身商业实战场景,以各自代表的企业经营管理者,即总经理、生产总监、采购总监、销售总监和财务总监的身份,体验企业岗位职能,涉及财务、物流、生产、营销等重要角色,切身体验企业竞争的激烈性。

3.1 团队成员及职能定位

企业运营以制造型企业为背景,模拟企业运营的关键环节,把企业运营所处的内外部环境抽象为一系列的规则,由学生组成相互竞争的模拟企业。通过模拟企业四年的经营,学生在分析市场、制订战略、营销策划、组织生产、财务管理等一系列活动中,领悟科学的管理规律,全面提升管理能力。

模拟企业主要分为五个职能岗位:总经理(CEO)、生产总监(CPO)、财务总监(CFO)、采购总监(CSO)、销售总监(CMO),主要职能定位如图 3-1 所示。总经理在整个模拟企业运营当中起总筹作用,五个岗位协同合作作业,在动态的企业经营演练环境中,体验在竞争的环境下如何承担经营风险,理解复杂、抽象的经营管理理论,掌握管理技巧,身临其境地感受"三流合一"(物流、资金流、信息流的协同)。

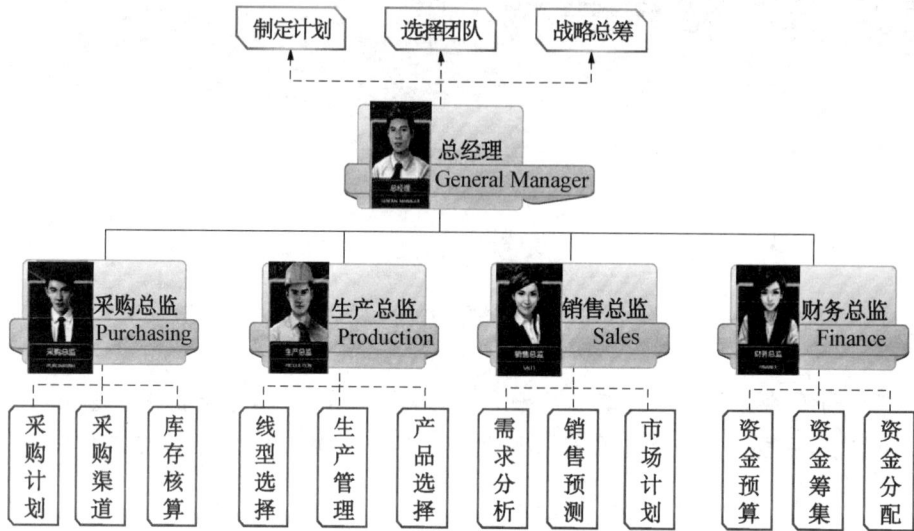

图 3‑1　模拟企业岗位职能图

在模拟企业运营中,主要围绕 ERP 系统中"供—产—销"进行,如图 3‑2 所示。供应商供给给采购总监原材料,采购总监将原材料投入给生产总监,生产总监预配工人生产产品,最终将产成品交付给销售总监卖给客户,全过程的资金由财务总监核算,形成供产销部门物料信息的集成,最后实现短缺和积压都不存在的美好状态。

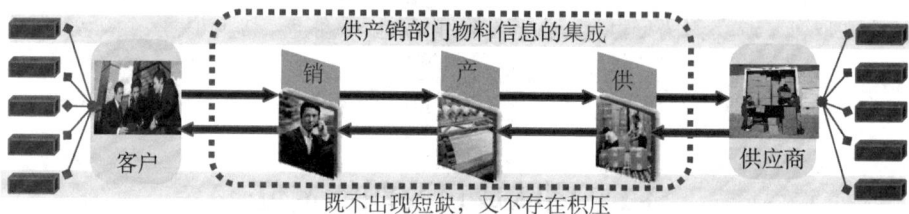

图 3‑2　供产销部门物料信息集成图

3.2　人员定位:总经理(CEO)

在 ERP 沙盘模拟经营实训中,CEO 发挥着最大的职能,是一个企终极大"BOSS"。如果所带领的团队在模拟对抗中意见相左,由 CEO 拍板决定。CEO 负责率领整个团队进行企业运营,提高产品盈利能力,实现股东利益最大化。

总经理:
心态开放
亲力亲为
团队协作
换位思考

3.2.1　任职要求

（1）思维谨慎。

（2）决策能力强。

（3）敢于拍板并承担责任。

（4）较强的执行力。

（5）较强的团队管理能力。

3.2.2　岗位职责

（1）制订发展战略。

（2）分析竞争格局。

（3）确定经营指标。

（4）制订业务策略。

（5）管理全面预算。

（6）管理团队协作。

（7）企业绩效分析。

（8）业绩考评管理。

（9）管理授权与总结。

3.2.3　操作界面

"岗位详情"中显示本企业中总经理、生产总监、采购总监、销售总监、财务总监五个职能岗位的人员对应名单；现金列式出本岗位的持有现金数额；时间进度条表示目

前企业所处的时间进度安排;每一个岗位的操作界面可以由"协同通道"进入查看企业的所有职能部门岗位的操作界面,但是不允许操作。

注意:财务总监的办公室仅允许财务总监本人查看操作。

"消息中心"中显示出企业中岗位的操作过程;企业成员可以在"公司详情"中查看企业的资金状况、产品库存、原料库存、厂房状况、生产线状况、资质状况、操作人员、OID的集合以及知名度集合;"查看年度经营结果":每年年末更新当年的所有者权益、利润以及分数情况和排名。

"年初订货":比赛之前企业的参赛成员通过"市场分析"研究分析出企业主做的产品以及主打的销售市场;每一年年初的"投放广告"以及"订单申报";年中的"临时市场"订单申报。

年中经营期间任何时间都可在"战略广告"中投放广告,三年有效期;参赛成员可以通过"情报"付费查看其他企业的报表。

"资质开发":市场准入权、ISO资质和产品资质。

"厂房调整":企业共有四个厂房,可以选择租赁也可以选择购买,厂房购买后可以买转租;所需的现金通过"预算申报"向财务总监申请。

"报表上报""填制报表""英雄榜"不做要求。

3.3　人员定位:生产总监(CPO)

生产车间整家企业的核心部分,生产总监(CPO)不但是公司生产的承担者,而且是计划的制订者和决策者,更是生产过程的监控者,负责企业生产管理工作,协调完成生产计划,维持生产成本,落实生产计划和能源的调度,保持生产正常运行,及时交货,组织新产品研发,扩充改进生产设备,做好生产车间的现场管理。

3.3.1　任职要求

(1)具有较强的开拓能力。
(2)思维眼光较长远。
(3)具备一定产品分析能力。
(4)能够看到商机。

3.3.2　岗位职责

(1)产品研发管理。
(2)体系认证管理。
(3)固定资产投资。
(4)编制生产计划。

(5) 平衡生产能力。

(6) 生产车间管理。

(7) 产品质量保证。

(8) 成品库存管理。

(9) 产品外协管理。

3.3.3　操作界面

生产线的生产要预配过原材料和相应人工后点击"全线开产"后方可开始;"全线推进"是将生产线的状态更进一步,如生产线在建状态下由第一周期至第二周期;"生产明细"中列式出企业中所有的生产线的目前状态;"厂房":企业的所有厂房和生产线的操作。

3.4　人员定位:采购总监(CSO)

企业的原材料由原材料订货大厦提供,采购总监是原材料的订货者,负责编制并实施采购供应计划,分析物资供应渠道和市场变化,为企业做好后勤保障工作。

3.4.1　任职要求

(1) 动手能力较强。

(2) 具备一定的产品生产、运营控制能力。

(3) 具备根据订单及时调整采购计划的协调能力。

(4) 具备较强的沟通能力。

3.4.2 岗位职责

（1）编制采购计划。

（2）与供应商谈判。

（3）签订采购合同。

（4）监控采购过程。

（5）原材料到货验收。

（6）仓库仓储管理。

（7）采购支付抉择。

（8）与财务部协调。

（9）与生产部协同。

采购总监：
协调合作
大局观念
准确推算
集中战略

采购总监
PURCHASING

3.4.3 操作界面

"自由交易"是为创业者提供临时交易的场所，采购总监可以在此零售或者购入原材料；采购总监（CSO）必须在"原料订货"中下订单，才可以在"仓库订单"中进行收入库中操作，注意一点，只要下了订单，原材料到达企业时，就必须照单全收，按规定支付原材料费用，否则系统将视为企业违约，强制扣除违约金。

3.5 人员定位：销售总监（CMO）

订货会是每年年初举办的面向所有创业者的盛会。创业者可以在选取订单之后于年中阶段由销售总监(CMO)交货。销售总监预测市场制订销售计划,帮助总经理(CEO)合理投放广告,并根据企业生产能力取得匹配的客户订单,与生产部门沟通按时交货,监督货款的回收。

3.5.1　任职要求

(1) 市场反应能力较强。

(2) 积极协调内外资源。

(3) 产品意识能力强。

(4) 具有较强的市场掌控能力。

3.5.2　岗位职责

(1) 市场调查分析。

(2) 制订市场进入策略。

(3) 制订品种发展策略。

(4) 制订广告宣传策略。

(5) 制订销售计划。

(6) 争取订单与谈判。

(7) 签订合同与过程控制。

(8) 交货与应收款管理。

(9) 销售绩效分析。

3.5.3　操作界面

销售总监可以"自由交易"零售或者购入产品,当然,价格方面一定不会让你满意;"代工厂"可以弥补公司生产力不足的情况,销售总监(CPO)可以在此处下单让代为生产产品,以完成订单。销售总监(CMO)在"仓库订单"中查看企业产品库存并交付年初订单。

3.6　人员定位:财务总监(CFO)

财务总监(CFO)是企业资产的保障者,企业的现金收入和支出均由财务总监负责,筹集和管理资金,做好现金预算,管好用好资金,支付各项费用,核算成本,按时报送财务报表,做好财务分析。

3.6.1　任职要求

(1)做事认真负责。

(2)基础会计知识运用能力较强。

(3)具备一定的生产防范意识。

(4)善于控制生产成本。

(5)具备融资和筹资能力。

3.6.2　岗位职责

(1)日常财务记账和登账。

(2)税务部门报税。

(3)提供财务报表。

(4)日常现金管理。

(5)企业融资策略制订。

(6)成本费用控制。

(7)资金调度与风险管理。

(8)财务制度与风险管理。

(9)财务分析与协助决策。

采购总监:
思维严谨
职业道德
沟通协调
判断决策

财务总监
FINANCE

3.6.3　操作界面

　　财务总监(CFO)可以在"银行贷款"中获取银行提供的专项资金信贷服务,分为长期贷款和短期贷款;财务总监要通过"往来账"做好应收款的收款或者贴现;财务总监每到固定日期必须在"费用支出"中按时缴纳企业的管理费用、折旧费用、维修费用、贷款本金及利息等相关费用。

　　企业中所有岗位的现金需要预算申报,财务总监在"拨款"中调拨资金,若财务岗位现金不足,但其他岗位仍有现金结余,可以进行"反向拨款";"收支明细"中显示企业所有关于现金的收支明细以及银行贷款明细。

模块 4　通用规则

【任务目标】

◆ 了解模拟企业影响整个全局的规则。

◆ 掌握企业模拟经营电子沙盘的运营规则。

◆ 熟悉模拟运营中各个时间段的操作要点。

◆ 学习提高企业经营成绩的方法。

【任务提出】

学员根据获得的信息对企业外部环境做详细的分析、研究,预测消费者的需求状况,再根据自身的经营状况来制订本企业的发展战略决策,借助生动仿真的比赛界面进行沙盘推演,实现由研发、生产到销售的全部经营过程。

4.1　ERP 沙盘模拟经营

4.1.1　比赛分岗协同操作模式

在 ERP 沙盘模拟经营实训中,5 位同学为一组,组成多个相互竞争的模拟管理企业,每个小组的成员分任总经理、财务总监、生产总监、采购总监、销售总监,连续模拟企业 4 个会计年度的经营活动。

企业经营模拟互联网电子沙盘采用团队协同方式运行,每个模拟公司由 5 个岗位(总经理、采购总监、生产总监、销售总监、财务总监)组成,各岗位通过 PC 终端线上独立操作,并行作业,各司其职,公司依靠各岗位的协同运作,完成所有经营决策和运作活动。每个虚拟公司都被预设一个相同的初始状态,每组成员根据市场需求的预测和竞争对手的动向,决定公司的产品、市场、营销、融资及生产等各方面的短、中、长期规划和经营策略。

4.1.2　比赛经营每年运行时间

比赛以一年为周期运行,共进行四年运行。每年分"年初""年中"和"年末"三个阶段运行。三个阶段的操作不重叠,每年运行总时间为 85 分钟,具体每年运行过程的子阶段时间分配如表 4-1 所示。

(1)"年初时段":20 分钟,分为三个阶段。

(2)"年中时段":60 分钟,按季度运营,15 分钟/季度。

(3)"年末时段":5 分钟。

表 4-1　每年阶段经营功能的时间分配表

经营进程	运行启动	年初阶段	年中阶段	年末阶段
年初广告	自动	5 分钟	×	×
第一轮选单	自动	10 分钟	×	×
第二轮选单	自动	5 分钟	×	×
第一季度	自动	×	15 分钟	×
第二季度	自动	×	15 分钟	×
第三季度	自动	×	15 分钟	×
第四季度	自动	×	15 分钟	×
商业情报收集＋报表审核上报	自动	×	×	5 分钟

其中:

×表示"经营进程"在本阶段是禁止使用的。

每阶段的时间表示"经营进程"允许操作的时间,超过这个时间,该功能自动关闭。

4.2　年初时段运行操作规则

4.2.1　年初时段自动限时运行规则

"年初时段"总时间是 20 分钟,用于当年参加各市场的促销广告的投放、销售订货会、市场和 ISO 资质的研发投资以及制订本年经营计划等活动。具体任务及限定时间如表 4-2 所示。

表 4 - 2　年初时段任务清单

任务清单	岗 位	促销及计划 （5 分钟）	第一次申请订单 及分配 （10 分钟）	第二次申请订单 及分配 （5 分钟）
投放促销广告	总经理	√	×	×
市场资质 ISO 投资	总经理	√	√	√
申请销售订单	全岗	×	√	√
生产线预配	生产、采购	√	√	√
贴现	财务	√	√	√
申请调拨资金	全岗	√	√	√

4.2.2　促销广告及计划时段的操作规则

（1）促销广告的目的是提升该市场中本企业的"企业知名度"排名，订单是按照申请者的"知名度"排名顺序进行分配的。"企业知名度"排名靠前的公司，更容易被分到申请的产品数量。

（2）投放促销广告只能在年初一开始 5 分钟规定的时间内进行，第一次申请订单时段开始时，禁止促销广告投放。

（3）投放促销广告分市场投放，每个市场投放的广告只影响本市场当年的企业知名度排名。

1. 第一次申请订单的操作规则

（1）所有市场的所有产品均可同时按订单申请产品数量，即选择一张订单，填写需要获取的产品数量，然后点击"申请"按钮提交申请，申请产品的数量将被显示在订单表的"申请数"栏中。

（2）所有岗位都可以进行任何市场的订单申请，系统只更新接受最后一次点击"申请"的数量，数额不累加，以最后一次的数量为准。

（3）点击"申请"时，仅对本市场的所有订单的申请数量进行更新；清除某张订单的申请数时，只需将该订单的申请数填为"0"，然后点击"申请"即可。

（4）第一次申请时间结束后，系统将进行第一次订单分配，即每张订单按照申请公司的企业知名度排名顺序，依次进行分配，直到该订单的产品需求总数量为"0"，及分配完全时，本张订单的分配结束，开始下一张订单的分配操作。对于企业知名度排名靠后的公司，将存在拿不到或拿不足自己申请订单数量的风险。

2. 第二次申请订单操作规则

（1）第一次未分配完的产品订单将在第二次申请时段显示，已经分配完的订单不再出现在可选订单中。

（2）其余的操作与第一次申请一样，直到第二次申请时间结束，系统自动进行第二次订单分配。

4.3　年中时段运行操作规则

（1）年中运行采用虚拟逐天运行的方式，30 天为一个月，3 个月为一季度，4 个季度为一整年的虚拟运行时间。

① "第一季度"：1 月 1 日—3 月 30 日。

② "第二季度"：4 月 1 日—6 月 30 日。

③ "第三季度"：7 月 1 日—9 月 30 日。

④ "第四季度"：10 月 1 日—12 月 30 日。

（2）年中运营采用区段（季度）限定，日期自选的方式。每季度运行时间限制在 15 分钟，15 分钟自动换季，即第一季度结束后系统自动跳至第二季度，第一季度三个月的事情将不能再进行操作。

（3）在每季区段内，各家企业可以自主在一个月内选择经营日期进行操作，如 1 月 1 日、1 月 21 日、1 月 30 日……允许跳选日期操作，但时间只能往前走，即只能向前跳选日期，禁止回退。

（4）在一个季度中，可以自行结束每个月的操作，进入下个月选日期操作，但每季度最后一个月，只能等待统一的季度结束时间，不能自主跳到下一个季度。

（5）选择日期只能由总经理操作。

（6）跳过的日期中如有没有完成的操作，系统会自动根据选定的日期判断跳过的操作是否违约，比如从 3 月 1 日跳到 3 月 10 日，中间的 3 月 5 日有原材料到货的操作未执行，则跳到 3 月 10 日时，系统自动判定 3 月 5 日应到货的采购订单为"收货违约"。

（7）运行中操作页面上的时间进度条表示本季度运行的剩余时间（系统时间），但总经理选择操作日期后，其他操作岗可以点击日期旁的"刷新"按钮，刷新当前日期。

（8）设定的每季度运行时间一到，系统将自动结束本季度，所有未完成的操作，都将被自动跳转到本季度结束状态，并马上进入下一季度的运行期。

4.4　年末时段运行操作规则

（1）"年末时段"所有年初以及年终的经营操作均被停止；此时必须在规定的时间内完成以下工作：

① 经营报表合成。

② 经营报表"上报"。

③ 商业情报收集。

（2）各岗位填写报表后必须点击"提交"按钮后，才能合成上报的四类经营报表。

（3）岗位报表可以多次"提交"，每次"提交"都将重新合成上报的经营报表。

（4）合成的经营报表不能直接修改，必须经岗位报表修改后再次合成。

（5）合成经营报表由总经理岗或财务岗在"报表上报"功能中，点击"提交报表"按钮完成上报。

（6）点击"提交报表"按钮后，当年经营活动关闭，当年的报表不能进行修改，待系统的"年末"到时后，可以在"报表上报"窗口中，选择本年查询经营报表的"系统值"和"上报值"的对比数据。

特别说明：

① 报表对比数据显示格式为：系统值/本公司上报值。

② 显示底色表示对比数据的一致与否，"绿色"表示系统值与上报值一致，"粉色"表示系统值与上报值不一致，"黄色"表示没有上报数据。

（7）如果没有在规定的时间内"上报"经营报表，"年末"结束时，系统自动关闭本年的所有报表操作，同时，可以查询经营报表的系统值（上报值为空）。

（8）进入"年末"时段，各家企业可以点击"查看年度经营结果"，查询当年的"经营结果排名"，可以看到净利润数额及排名、所有者权益数额及排名、经营分数及排名情况。

（9）"年末"时段，可以通过总经理的"商业情报"功能，查看任何公司的"公司详情"，便于了解其他公司的经营动向，制订合理的经营战略。特别提示：商业情报获取功能仅在"年末"时段开放，需要支付费用查看指定公司的"公司详情"。

4.5 业务执行的容忍期和强制取消/执行

（1）模拟运行中公司与外界的交易活动（或业务）必须在规定的时间内完成，如产品销售订单必须在交货日期前"交货"，原材料订货必须在到货日期当日"收入库中"入库等。

（2）正常操作：在规定日期当日进行的操作为正常业务操作，正常业务操作可以按照规则获得正常的收益。

（3）容忍期：凡是在规定日期没有完成的业务操作，允许延迟一段时间继续执行，这个延迟的时段称为"容忍期"。在"容忍期"内除了按照业务要求进行操作外，系统会采取以下措施：

① 支付相应的违约金，在支付业务费用的同时支付违约金。

② 扣减经营诚信度分数(见"经营诚信度"的说明)。

(4)"强制取消/执行":容忍期结束时仍不能完成业务操作时,该业务将被强制处理。

① 订单"取消",包括销售订单被取消,采购订单被取消,同时,强制扣除违约金,并另外再扣减"经营诚信度"分数,取消的订单将返回市场继续。

② 业务"强制执行":费用支付的业务将被强制执行,如应还的贷款或利息等连同违约金,被强制从公司账户中扣除,如果账户资金不足,将扣减至负值。

特别说明:

"容忍期"内处理业务和"强制取消/执行"是两种不同的惩罚措施,"容忍期"内,原操作仍然可以进行,只是需要扣缴违约金,并扣减一次经营诚信度值,即 OID1 值;如果"强制"执行,不允许进行原操作,不仅扣除 OID1,还要继续扣减诚信度值 2,即减 OID2。

4.6　企业知名度和经营诚信度(OID)

(1)"企业知名度"是公众对企业名称、商标、产品等方面认知和了解的程度。企业知名度分市场计算,各公司在一个市场中的企业知名度排名,决定该市场订单分配的先后顺序。

(2)"经营诚信度"(简称 OID)是反映经营信用程度的指标,与公司运行行为关联,不符合规则的业务行为,将减少"经营诚信度",每项业务的操作或对 OID 产生增值的效应,或对 OID 产生减值的效应。OID 的变化计算公式为:

某市场的 OID 量化值＝市场当前 OID 值＋市场 OID 增值－OID 减值

其中:

① 增值的条件如表 4-3 所示,减值的条件如表 4-4 所示。

② OID 增值每年末自动计算一次;OID 减值计算实时进行。

表 4-3　OID 增值计算项

类　别	OID 影响因素	影响范围	计算方式
OID 增值	交货无违约	单一市场	常量
	市场占有率	单一市场	计算值
	贷款无违约	全部市场	常量
	付款收货无违约	全部市场	常量

表 4-4　OID 减值计算项

类　别	OID 影响因素		影响范围
OID 减值	订单违约交单	容忍期内完成	单一市场
		强制执行	
	还贷及利息违约	容忍期内完成	全部市场
		强制执行	
	付款收货无违约	容忍期内完成	全部市场
		强制执行	
	支付费用违约	容忍期内完成	全部市场
		强制执行	

表 4-5　OID 增减相关的经营操作

序号	运　行	岗位	本地 OID	区域 OID	国内 OID	亚洲 OID	国际 OID	是否容忍	扣减违约金
1	交货无违约	系统	＋	＋	＋	＋	＋	无	无
2	市场份额	系统	＋	＋	＋	＋	＋	无	无
3	贷款无违约	系统	＋					无	无
4	付款收货无违约	系统	＋					无	无
5	订单违约交单	销售	－	－	－	－	－	有	有
6	取消订单强制扣除违约金	销售	－	－	－	－	－	有	有
7	原料订单延迟收货违约	采购			－			有	有
8	取消原料订单强制扣违约金	采购			－			有	有
9	零售市场出售原料未能履约	采购			－			有	有
10	零售市场出售产品未能履约	销售			－			有	有
11	代工延迟收货违约	销售			－			有	有
12	取消代工订单并强制扣除违约金	销售			－			有	有
13	贷款延迟还款违约	财务			－			有	有
14	强制扣除应还贷款及违约金	财务			－			有	有
15	贷款利息延迟支付违约	财务			－			有	有
16	强制扣除应还贷利息及违约金	财务			－			有	有
17	延迟支付维修费违约	财务			－			有	有
18	强制扣除维修费及违约金	财务			－			有	有
19	延迟支付厂房租金违约	经理			－			有	有
20	强制扣除厂房租金及违约金	经理			－			有	有

（3）企业在某个市场中的知名度与该市场的广告和经营诚信度有关，具体计算公式为：

某市场企业知名度的量化计算值＝该市场当前 OID 值×（该市场当前年度战略广告×第 1 年有效权重＋上一年度战略广告×第 2 年有效权重＋前一年度战略广告×第 3 年有效权重）＋该市场当前的促销广告

注：广告和各年有效权重见"广告规则"。

4.7　销售类型与订单分配

销售类型分为：订货、临时交易、现货。

4.7.1　"订货销售"订单

"订货销售"是以订货会的形式在每年年初举行，即年初时间的第一轮选单和第二轮选单，订货会有如下操作规则：

（1）订货会五个市场同时进行订单的申请和订单分配。

（2）销售订单有如下要素构成，每一张订单当年市场总需求量均可以被拆分分配给不同的公司。

1. "订单申请"

（1）各队在规定的时间内，在各市场同时进行订单申请（注：只需填写订单中的产品数量，如 A 公司申请 LP1 - 001 订单的 10 个数量，B 公司申请 LP1 - 001 订单的 6 个数量等），然后点击"申请"按钮。

（2）各个市场独立申请。

（3）可以多次提交"申请"，系统只记录最后一次提交的申请数量。

（4）取消申请时，只需将申请数改为"0"，然后点击"申请"即可。

2. "订单分配"

（1）申请时间结束后，系统进行订单分配。

（2）每张订单按照申请公司的企业知名度排名顺序依次进行分配。

（3）公司申请某订单的数量小于该订单剩余产品数量时，按照申请的数量全额分配。

（4）公司申请某订单的数量大于该订单剩余产品数量时，按照该订单剩余数量分配（即申请人只能获得剩余产品数量）。

（5）当某订单的产品剩余数量为"0"时，该订单分配完成，还没排到的公司将不能获得该订单的产品。

3. 相同知名度排名时的订单分配

如果两家以上企业知名度排名相同的企业申请了同一张订单，本着平等分配的

原则,按照下述方法进行分配:

(1) 最小申请量平均分配法。

取该订单申请排名相同的公司总数 S_0 和相同排名各队中最小申请数量 P_0。

$$M_0 = P_0 \times S_0$$

如果 M_0 小于订单剩余的产品数量(即订单的产品数量足够让各公司都获得 P_0 个产品),则排名相同的各公司将分配到 P_0 数量的产品,依次进行分配,直到 M_0 大于订单剩余的产品数量(即订单剩余产品数量不够按照 P_0 平均分配)时,执行"按公司数平均分配法"。

(2) 按公司数平均分配法。

取剩余公司数 S_0 和订单剩余产品数 U_0 进行比较,当 U_0 大于等于 S_0 时,计算:

$$M_1 = U_0 \div S_0$$

取整,按照 M_1 的取整值将产品分配给每个剩余公司,当 U_0 小于 S_0(即剩余的产品数量不够剩余公司平均分到 1 个)时,本次分配结束,剩余的产品将进入下个排名的分配。

4.7.2 "临时交易"订单

"临时交易"在年中运行期内发生已被分配的订单"取消"时,重新设定"价格"和"交货期"后在"临时交易"市场中进行交易的活动,临时交易有如下规则:

(1) "临时交易"发生在年中(1～12 月)的运行期间,在订货会的"临时交易"中进行申请分配操作。

(2) "临时交易"的订单都是年初订货会中已分配的被"取消"的订单。

(3) "临时交易"分市场进行。

(4) 获取"临时交易"订单的资质要求与订货会的要求一样,除此之外还要求公司本年在该市场中没有违约交货的记录(包括"违约完成"和"取消"的记录),否则将不能获取本市场的"临时交易"订单。

(5) 当某公司的订单进入容忍期时,将向所有公司的"销售总监"发布"临时交易"市场订单预告,预告信息包括市场名、产品名、产品数量、预计上架日期等,当容忍期的订单被取消时,取消当日进入"临时交易"市场。如果预告的临时订单在容忍期完成交货,则不再进入"临时交易"市场;换言之,预告的"临时交易"订单可能上架,也可能不上架。

(6) "临时交易"订单只能被运行在临时订单发生日期之后的公司查看到,运行时间在临时订单发生日期之前的公司将无法看到该订单。

(7) "临时交易"订单按照操作的系统时间先后顺序进行分配,与企业运行日期和企业知名度排名无关,即按照提交申请的系统时间确定先后。

(8) "临时交易"订单可以被分割获得,即可以获取订单中的部分产品数量。

（9）"临时交易"订单可以被部分批准，即订单剩余产品数量小于申请数量时，按剩余产品数量分给申请公司（申请公司只能取得部分申请的产品数量）。

（10）"临时交易"中多次申请同一张订单成功，如果没有交货的情况下，则按照单号合并成一张订单，其中产品数量等于多张订单产品数量之和，已交货的订单除外。

（11）如果"临时交易"订单直到交货日到期后的第一天，仍然还有剩余的产品数量没有被申请，该订单将被取消，并且不再进入"临时交易"市场进行交易。

（12）未分配的订单不跨年，即本年结束后，撤销"临时交易"市场中的所有未分配的订单。

4.7.3 "现货市场"订单

每年均可在"现货市场"中根据"现货市场"价格进行的产品和原材料的买进或卖出的交易活动。

（1）现货交易过程无须市场准入。

（2）现货交易直接现金结算。

4.8　商业情报收集

比赛过程中，其他参赛队的经营状况有以下两个途径进行收集：

（1）每年年初订单分配后，可以从订货会窗口中的"订单分配详情"功能处获取，可以通过"产品""获取人""市场"三个条件任意组合进行过滤筛选，获得整个市场的订单获取情况。

（2）每年年末（15分钟），总经理操作获取各队的"公司详情"，获取商业情报的费用为"10"。特别提示：商业情报在"年初"和"年中"是不能获取的。

4.9　经营报表操作规则

（1）经营报表由"费用表""销售统计表""利润表"和"资产负债表"组成，每年各公司须在"年末"规定的时间内，完成经营报表的上报，未能完成上报的公司，记录一次"失误"操作。

（2）经营报表的制作是由下列环节顺序完成，即：

"填制"岗位统计表→"提交"岗位统计表→"生成"经营报表→"上报"经营报表。

（3）岗位统计表包括："经理统计表""采购统计表""销售统计表""财务统计表"和"生产统计表"，分别由总经理、采购总监、销售总监、财务总监和生产总监各自填报后，"提交"完成。

（4）经营报表是由"岗位统计表"自动生成，不能直接被修改。

（5）经营报表的上报，每年年末由总经理点击"上报"完成，每年只允许点击一次"上报"按钮，点击"上报"后，本年经营结束。

（6）经营报表格式与数据来源。

① 费用表，见表4-6。

表4-6　费用统计表

序　号	项　目	填报岗位
1	管理费	财务
2	广告费	经理
3	设备维护费	财务
4	转产及技改	财务
5	租金	经理
6	市场准入投资	经理
7	产品研发	经理
8	ISO资格投资	经理
9	信息费	经理
10	培训费	财务
11	基本工资	财务
12	费用合计	＝本表1项～11项之和

注：表中"填报岗位"一栏标注数据的来源项，如果此处有误，必须由填报岗位修改，并重新生成。

② 销售统计表，见表4-7。

表4-7　销售统计表

序号	计算项	P1	P2	P3	P4	P5	合　计
1	数量						＝本行P1～P5列之和
2	收入						＝本行P1～P5列之和
3	成本						＝本行P1～P5列之和
4	毛利	收入－成本					＝本列2项－3项

注：表中各产品的"数量""收入""成本"数据取自销售岗的统计报表，数据采集的说明详见"销售岗位任务"的报表说明部分。

③ 利润表，见表4-8。

利润表是用来反映收入与费用相抵后确定的企业经营成果的会计报表。主要表现为企业在该期间所取得的利润，用来阐明企业在一定期间内的经营成果。利润表的项目主要分为收入和费用两大类。

表 4-8 利润表

序号	项 目	数据来源
1	销售收入	销售统计表"收入"合计项
2	直接成本	销售统计表"成本"合计项
3	毛利	＝本表 1 项－2 项
4	综合费用	费用表"费用合计"项
5	折旧前利润	＝本表 3 项－4 项
6	折旧	财务统计表
7	支付利息前利润	＝本表 5 项－6 项
8	财务费用	财务统计表
9	营业外收支	财务、原料统计表
10	税前利润	＝本表 7 项－8 项＋9 项
11	所得税	财务统计表
12	净利润	＝本表 10 项－11 项

注：表中"本年发生"栏数据取自本年的"费用表""销售统计表"和"岗位统计表"，数据采集的说明详见"费用表""销售统计表"以及相关岗位任务中报表部分的说明。

④ 资产负债表，见表 4-9。

资产负债表是根据资产、负债和所有者权益之间的相互关系，即"资产＝负债＋所有者权益"的恒等关系，按照一定的分类标准和一定的次序，把企业特定日期的资产、负债、所有者权益三项会计要素所属项目予以适当排列，并对日常会计工作中形成的会计数据进行加工、整理后编制而成的，其主要目的是反映企业在某一特定日期的财务状况。通过资产负债表，可以了解企业所掌握的经济资源及其分布情况；了解企业的资本结构；分析、评价、预测企业的短期偿债能力和长期偿债能力；正确评估企业的经营业绩。

表 4-9 资产负债表

序号	项 目	年初数 （上年期末数）	期末数
1	现金		财务统计
2	应收款		财务统计
3	在制品		生产统计
4	产成品		销售统计
5	原材料		采购统计

序号	项　目	年初数 （上年期末数）	期末数
6	流动资产合计		＝本栏1项～5项之和
7	土地和建筑		经理统计
8	机器与设备		生产统计
9	在建工程		生产统计
10	固定资产合计		＝本栏7项＋8项＋9项
11	资产总计		＝本栏6项＋10项
12	长期负债		财务统计
13	短期负债		财务统计
14	应付款		财务统计
15	应交税金		＝本年利润表11项
16	负债合计		＝本栏12项＋13项＋14项＋15项
17	股东资本		财务统计
18	利润留存	＊	＊＝本表年初18项＋年初19项
19	本年利润	＊	＝本年利润表12项
20	权益合计		＝本栏17项＋18项＋19项
21	负债＋所有者权益总计		＝本栏16项＋20项

a. 表中"年初数"栏数据来源于上年的"资产负债表"。

b. 表中"期末数"栏的数据取自本年的"利润表"以及相关岗位的本年的统计表，数据采集的说明详见"利润表"和相关岗位任务中报表部分的说明。

c. 特别注意的是标注"＊"的数据，在制作本表时，"年初数"是上年末的"资产负债表"的"期末数"栏的数据，所以制作本表时，需要从上年的"资产负债表"中提取数据。

d. 各岗位报表可以在"年中"操作过程中随时多次填报或修改并保存最新的更改数据。年末所有经营操作完成后，各岗位再将岗位报表提交给本组财务总监和总经理，系统将岗位提交的统计表汇总生成以上的本年经营报表。

e. 各队最终上报的本年经营报表将和系统生成的经营报表对比，将不一致的数据标注在最终报表中，系统最终按照系统的经营报表进行经营结果的排名。

4.10　比赛结果评分

比赛评分方法,见表 4 - 10。

表 4 - 10　比赛评分方法

分值项	分　值	评分方法	审核方法	公布方法
经营结果得分	系统得分	以第四年系统分数为准	裁判审核	课堂公布
报表扣分	0 分/年	比赛结束后裁判核对各组报表填写情况	裁判审核	课堂公布

特别说明:

(1) 报表审核只审核"资产负债表"项。

(2) 所谓全部正确是指报表各项(除所得税外)与系统报表数据完全相同。

(3) 考虑计算工具的误差,所得税项与系统数据允许误差为 0.01。

(4) 系统"分数"的计算公式:

第 N 年的系统"分数"=(第 N 年 OID 平均值－第 1 年操作失误率－
第 2 年操作失误率－……－第 N 年的操作失误率)×当年所有者权益

例如,第四年的系统"分数"=(第四年 OID 平均值－第 1 年操作失误率－第 2 年操作失误率－……－第 4 年的操作失误率)×当年所有者权益。

其中,"OID 平均值"是各市场的 OID 值的平均数。

第 N 年的操作失误率=第 N 年的操作失误数÷第 N 年的总操作数

4.11　比赛相关说明

比赛过程中一旦发现网络问题,教师将暂停比赛(所有比赛队的操作被暂停),排除故障后,继续比赛。暂停时,所有参赛队的虚拟时间冻结在每队的当前日期,所有的经营操作仅能在这一天操作,总经理不能推进日期。如参赛队自身原因,非重大事项,不能暂停比赛。

模块 5　岗位职能任务

在 ERP 模拟沙盘训练中,每个小组成员将分别担任公司中的重要职位,即总经理(CEO)、财务总监(CFO)、销售总监(CMO)、生产总监(CPO)、采购总监(CSO)。他们从先前的管理团队中接手企业,在面对来自其他企业(其他学员小组)的激烈竞争中,将本企业向前推进、发展。

【任务目标】
 ◈ 分析模拟企业各角色岗位重点需掌握的运营规则。
 ◈ 掌握各个岗位的职能任务清单。
 ◈ 熟悉各个岗位操作任务的时间阶段。

【任务提出】
在企业经营沙盘模拟实训中,学生组建的团队就是企业的经营团队,团队成员岗位职责的履行必须依据各角色岗位的职能任务和运营规则,在此基础上分工合作才能成功经营企业。

5.1　总经理(CEO)操作职能任务

5.1.1　总经理任务清单

总经理任务清单,见表 5-1。

表 5-1　总经理任务清单

序　号	运行期	任　务
1	年初	市场开发投资
2	年初	ISO 认证开发投入申请
3	年初	投放促销广告

序 号	运行期	任 务
4	年初	参加订货会,获取订单
5	年中	控制推进日期
6	年中	岗位经费申请
7	年中	品牌广告投放
8	年中	购买/租用厂房
9	年中	续租厂房/买转租/退租
10	年中	产品研发投资
11	年末	商业情报收集
12	年中,年末	填报总经理报表,报表上报

5.1.2 市场资质研发规则

市场是企业的必争之地,对市场的了解程度高是决定企业选取想要的订单、存活下去的关键,也是企业壮大发展的根源。但是,市场不是一成不变的,每个市场都是机遇与风险并存。ERP企业模拟运营电子沙盘中市场共分为五种,分别为本地市场、区域市场、国内市场、亚洲市场以及国际市场。每轮比赛的初始状态不同,所有市场需要企业自己分析利弊,自行选择何时开拓某种市场。

每一家企业选择进行哪一个市场区域的销售需要经过长期的调研、分析,做好充足的准备,在电子沙盘系统中也是如此。开拓市场受时间和成本的影响,不同市场所需要的时间和资金投入也不同,只有开发了市场,企业才可以在本市场进行订单申报。

需要投入一定费用并进行一定时间的前期开发才能在此市场选取订单销售产品。当某个市场开发完成后,该企业就取得了在该市场的经营资格,此后就可以在该市场进行广告宣传,争取客户订单了。

ISO是国际标准化组织的简称,在沙盘中,ISO认证分为ISO 9000和ISO 14000两种,ISO 9000标准为产品质量管理体系标准,ISO 14000标准为环境管理体系标准。

市场及ISO资质研发,如表5-2所示。

表5-2 市场及ISO资质研发

资质名称	每次(年)投资额(万元)	本地市场研发投资次数	区域市场研发投资次数	国内市场研发投资次数	亚洲市场研发投资次数	国际市场研发投资次数	ISO 9000研发投资次数	ISO 14000研发投资次数
市场资质	10	1	1	1	2	3	1	2

注意:

(1) 市场资质和ISO资质只能由总经理(CEO)在"资质开发"中进行。

（2）市场资质和ISO资质只能在每年的年初进行。

（3）市场资质和ISO资质每年只能进行一次投资。

（4）总经理（CEO）每年年初投资一次启动研发工作，下一年年初自动完成本次研发。

（5）表中规定的最后一次投资后，下一年资质才能生效，才可进入已开发完成市场申请订单。

5.1.3　产品生产资质研发规则

企业只有取得产品资质，才可以进行此类产品的生产。在沙盘中，产品有P1、P2、P3、P4、P5五种产品。所有产品可以同步进行研发，每到固定时间要求分别投入相应的研发费用。产品研发累计周期和投入完成后企业可以生产该产品。

研发产品一定要算准周期时间，提前购买原材料，建设生产线同步完成，做到资源"配称"。例如，P3产品研发周期是6个季度，自动线安装周期是3个季度，如果第1年第1季开始研发P3产品，第1年第4季开始建设生产P3产品的自动线，那么第2年第2季P3产品研发与自动线生产线建设投资恰好同期完成，第2年第3季上线生产P3产品。

表5-3　产品生产资质研发

序　号	产品标识	投资期	每期投资额（万元）	每期天数（天）
1	P1	1	10	30
2	P2	2	10	30
3	P3	3	10	30
4	P4	4	12	30
5	P5	5	15	30

注意：

（1）产品资质只能由总经理（CEO）在"资质开发"中进行。

（2）产品资质可在"年中"阶段任意时间进行，且只能在"年中"期间进行产品生产资质的研发，即每年的1月1日—12月30日之间任何一个日期执行产品资质的研发。

（3）研发过程：以每期投资额投入的日期开始计时，经过研发期（天）之后，完成当期研发。

（4）每期研发完成后，即上期研发到期日的当日（如到期日是3月30日，可以当日开始下一期研发投入）；可以选择马上开始下期研发，也可选择在之后的任何日期开始下期投资研发。

（5）最后一次投资研发到期后，系统自动授予产品生产资质（注：最后一次研发结束日的第二天资质才能生效)。

(6) 只有获得产品资质后才允许生产线开工生产,即产品资质显示"已开发"时,企业生产线才可以开始生产该类产品。

(7) 产品生产资质不允许转卖。

5.1.4　厂房使用规则

公司生产产品需要有生产线,生产线必须安装在厂房内。每家企业最多可以拥有四个厂房,即 A、B、C、D 厂房。"年中"阶段总经理(CEO)可以在"厂房调整"中选择购买厂房,也可以选择租赁厂房。购买的厂房属于企业的固定资产,归属于企业的非流动资产中,为企业的一项资产,最终影响企业的所有者权益。

表 5-4　厂房使用规则

序号	厂房标识	生产线容量	购买价格	每年租金	出售账期	租金违约金比例	违约容忍期限	OID减数1	OID减数2
1	A	4	200	50	120	0.1	30	0.1	0.1
2	B	4	200	50	120	0.1	30	0.1	0.1
3	C	4	200	50	120	0.1	30	0.1	0.1
4	D	4	200	50	120	0.1	30	0.1	0.1

注意:

(1) 厂房租用以一年为期,每年支付租金,租用开始日期为支付租金日期,下一年到期日前(含到期日当天),如果厂房内没有任何生产线,不管当年是否使用过该厂房,均需支付租金。

(2) 租金到期前 30 天,便可进行续租支付。

(3) 租金支付容忍期内支付厂房租金时,必须连同违约金一起支付,并扣减所有市场的 OID 值(OID 减数 1)。

(4) 如果过了容忍期仍未支付租金,系统将强制扣除租金及违约金,并扣减所有市场的 OID(OID 减数 2)。

(5) 购买的厂房可以改为租用,具体操作步骤为:先支付一年的租金,成功后,再"出售"厂房。

(6) 出售厂房后的回款,计入"应收账款",账期为表格中的"出售账期"。

(7) 厂房由租用转为购买时,必须将该厂房中所有的生产线出售才可退租后购买。

(8) 购买的厂房不计提折旧。

5.1.5　广告和企业知名度规则

系统广告分为促销广告和战略广告(品牌广告)两种,两种广告影响不同。现实中,企业往往会通过各种渠道以投入广告来扩大产品的知名度,从而扩大产量取得利润。在沙盘中广告费的投入也是企业持续发展的关键。如果广告费用投入过多,企业利润减少,就会影响企业的后续发展,广告费太少,无法获得足够的订单,那么产品积压过多也会造成资金流断裂。

企业生产的依据是销售预测和客户订单。广告分市场投放,投放广告于每年年初召开,一年只召开一次。广告的投放是后续选单的依据。

表5-5 广告规则

广告类型	投放时间	市　场	广告效应延迟时间	广告基数	第1年有效权重	第2年有效权重	第3年有效权重
品牌	年中（每季度）	分市场投放	3年	投入该市场有效品牌广告总和	0.2	0.5	0.5
促销	年初（每年订货会前）	分市场投放	当年有效	该市场的促销广告总和	1	0	0

注意:

(1) 广告分为"品牌"和"促销"两类。

(2) "企业知名度"分市场进行排名,每种市场的投资额互不影响。例如,本地市场投放的广告费不影响其他市场的知名度排行。

(3) 两类广告都分市场投放,用于本市场提升"企业知名度"排名。

(4) "促销"广告分市场投放,仅影响投放的市场企业知名度排名。

(5) "促销"广告只能在"年初"阶段订单申请前5分钟内进行投放,直接用于本年度本市场企业知名度排名,将影响后续"年初"阶段的订单分配额,本年"年中"运行开始后,促销广告不再影响企业知名度排名。

(6) "品牌"广告在"年中"经营期间任何时间都可在"战略市场"中进行投放。

(7) 品牌广告对知名度有延续3年的影响,即投放的广告参与各年(三年)知名度计算。

(8) 促销广告只有在年初订货会申请订单前的时段才能投放,仅投放当年订货会期间有效影响企业知名度。

5.1.6　控制推进日期的操作规则

"年中"阶段分季度运营,每一季度15分钟时间,每一季度的日期由总经理(CEO)调节,控制本公司的运行日期。总经理(CEO)推进日期时只能向前推进,不可倒退。

5.1.7　商业情报规则

"年末"时段,可以通过总经理的"商业情报"功能,查看任何公司的"公司详情",

便于了解其他公司的经营动向,制订合理的经营战略。特别提示:商业情报获取功能仅在"年末"时段开放,需要支付 10 万元查看指定公司的"公司详情"。

5.1.8 总经理报表

总经理应在每年的经营中,按照下列项目填报"总经理统计报表"。填报时,只需填报"金额"栏,并按照各项的"金额项填报说明",汇总当年发生的金额数据填报。

表 5-6 中的更新"目标表"的表项说明所填报的"金额"项将更新公司经营报表中的哪张报表的哪项数据。如果经营报表出现问题,则可判断是哪个岗位数据的问题。

表 5-6 总经理报表填制说明

项　目	"金额"项填报说明	更新"目标表"的表项说明
广告费	当年战略和促销广告投放总额	"费用表"广告费(第 2 项)
租金	当年支付的厂房租金	"费用表"租金(第 5 项)
市场准入投资	当年市场资质投资总额	"费用表"市场准入投资(第 6 项)
产品研发	当年产品研发资质投资总额	"费用表"产品研发(第 7 项)
ISO 资格投资	当年 ISO 资质投资总额	"费用表"ISO 资格投资(第 8 项)
信息费	当年购买商业情报的总费用	"费用表"信息费(第 9 项)
厂房价值	当前已购买的厂房总价值	"资产负债表"土地建筑(第 7 项)

注意:

统计报表可以在"年中"和"年末"的任何时间进行填报,每次填报后点击"暂存"保存数据,或点击"提交"并入经营报表。

5.2 财务总监(CFO)操作职能任务

5.2.1 财务总监任务清单

财务总监任务清单如表 5-7 所示。

表 5-7 财务总监任务清单

序　号	运行期	任　务
1	年初	参加订货会
2	全年	岗位现金申请审核并拨款
3	年中	贷款申请

续　表

序　号	运行期	任　务
4	年中	每月支付费用(包括到期贷款和利息)
5	年中	提取应收款
6	年中	应收款贴现
7	年中	资金调配(反向拨款)
8	年中、年末	填制财务统计报表
9	年末	审核年度报表并上报
10	全年	查询经营详情

5.2.2　贷款类型及贷款方式

企业的经营生产制造活动都需要资金,企业的融资渠道分为长期贷款和短期贷款:

(1)"长期贷款",是指企业向银行借入的期限在1年以上(不含1年)的各项借款。企业可在年中任何日期申请长期贷款,每满1年即付利息,到期一次付息还本,减少资金的还款压力。

(2)"短期贷款",是指企业向银行借入的期限在1年以内(含1年)的各项借款。企业可在年中任何日期申请短期贷款,贷款期通常2季到1年,到期一次付息还本。

贷款规则说明如表5-8所示。

表5-8　贷款规则说明

贷款类型	额度计算倍数	还款方式	利息违约容忍期(天)	还款违约容忍期(天)	利息违约金比例	还款违约金比例	利息OID减数1	利息OID减数2	还款OID减数1	还款OID减数2
长贷	3	每年付息到期还本	30	30	0.1	0.1	0.1	0.2	0.1	0.2
短贷	3	到期一次性还本付息	30	30	0.1	0.1	0.1	0.2	0.1	0.2

注意:

(1)企业的当年"贷款额度"=上年所有者权益×额度计算倍数(上年权益额从上年"资产负债表"中提取)。

(2)"贷款类型":企业可以自由组合,但长短贷额度之和不能超出上年所有者权益的3倍。

(3)"贷款申请时间":各年正常经营的任何日期(仅在企业经营"年中"阶段,不包括"年初"和"年末")。

(4)贷款金额的选择:贷款是以"套餐"方式提供,套餐中规定了每份套餐的具体参数,如 2 季短贷套餐,一份 10 万元,使用期为 2 季(90 天/季),贷款利息为年息5%等。

特别提示:申请贷款时,输入申请套餐的份数,如 10 份,则贷款量即为 10 份×10 万元/份(套餐金额)＝100 万元。

(5) 贷款/利息的还款:系统每月 1 日提供本月到期贷款和利息的账单,但不提供具体到期日的信息[财务总监(CFO)可以在"收支明细"的"贷款明细"中查询具体到期日期],正常还款和还款利息应该在贷款到期或者利息到期日之前(包括到期日当天)操作,否则将进入容忍期,将发生违约金和 OID 减值。

(6) 还款和利息可以在应还日期的当月提前操作。

特别提示:如果当月应还贷款进入容忍期(即违约未还),则不能进行贷款操作(不论是否还有额度)。换言之,每月只有贷款账单总额为零时,方能申请贷款。如有应还贷款额,则必须先还款,再申请新的贷款。

5.2.3　应收款和应收款贴现

应收款是企业应收但未收到的款项,归属于企业的流动资产。应收账款是由于销售产品没有当即收到现金而形成的。

应收账款贴现就是指企业在应收账款到期前将合法的应收账款凭证拿到商业银行或其他金融机构申请贴现。商业银行按照应收账款面额扣除一定的贴现金后返还给贴现公司。

贴现规则说明如表 5-9 所示。

表 5-9　贴现规则说明

序　号	贴现费用率	贴现期(天数)
1	0.05	30
2	0.1	60
3	0.15	90
4	0.2	120

注意:

(1) 应收账期是从确认应收款之日到约定收款日的期间。

(2) 贴现是指债权人在应收账期内,贴付一定利息提前取得资金的行为。不同应收账期的贴现利息不同。贴现期 30 天的贴现率 0.05,是指含 30 天以内的贴现率均为 0.05;60 天为大于 30,且小于等于 60 天的贴现率。

5.2.4　应交费用的计算和缴纳

管理费用(每个月 5 万元)、市场开拓费、产品研发费、ISO 认证费、广告费用、生产线维修费、厂房租金费等计入综合费用。

费用计算规则如表 5-10 所示。

表 5-10　费用计算规则

序号	费用类型	算　法	计算值（万元）	费用比例	扣减资源	计算时间	是否手工操作
1	管理费	固定常数	5	1	现金	每月1日	是
2	维修费	生产线原值×费用比例	计算	0.1	现金	满360天	是
3	折旧	（生产线原值－残值）÷折旧年限	计算	0	生产线净值	满360天	
4	所得税	（当年权益－纳税基数）×费用比例	计算	0.2	现金	每年年末	系统自动扣除

注意：

（1）每月1日，系统按照表中规定的计算方式，自动计算出本月应缴的费用项，分别列示在当月应缴费用表内。

特别提醒：管理费用每个月的1日必须缴纳。

（2）利息和银行还款也被列在本费用表中一并处理，支付的相关规则见贷款规则。

（3）费用支付有系统自动扣减和手动支付两种：

① 自动扣减项。在当月计算后，系统自动执行支付（如所得税和折旧）

② 手动支付项。在本月的任何日期，先手动选择费用项，点击"支付"按钮执行支付，被选定的费用项全额支付。

（4）如果费用项有指定的到期支付日期（如生产线维修费16日为到期日），可以选择在到期日之前（包括到期日当日）支付，否则按违约处理。换言之，本月内的到期的费用可以选择提前支付。

（5）如果某种费用支付截止到日前未完成支付操作，则被记为违约费用，需要额外计算违约金（违约金＝费用本金×违约比例），此时显示的应支付费用即为"费用本金＋违约金"。

（6）如果本月费用没有在30日前（包括30日）支付，将合并到下月费用中。但上月未交费用为违约未交状态，并按照设定的违约金比例，计算违约金，违约金将被合并到下月费用中。

（7）如果容忍期内仍然没有完成支付，系统将强制扣除违约的费用及违约金，并按照表 5-11 的规则，扣减全市场的 OID 值，并记失误操作。

（8）本年12月份，将对本年的所有费用进行强制清缴，即：

① 12月份的所有费用的容忍期到期日调整为12月29日。

② 12月30日即对所有未交费用按照强制扣除处理，并按照 OID 减值1，OID 减值2 扣减所有市场的 OID，记录操作失误。

表 5-11　费用违约规则说明

序号	费用明细	是否扣减全部市场 OID	违约金比例	违约容忍期限(天)	OID 减数 1	OID 减数 2
1	管理费	否	0	30	0	0
2	所得税	是	0	30	0	0
4	折旧	否	0	30	0	0
5	维修费	是	0.1	30	0.1	0.1
6	基本工资	否	0	30	0	0
7	员工福利	否	0	30	0	0

5.2.5　财务总监报表

财务总监报表如表 5-12 所示。

表 5-12　财务总监统计报表

资金项目	目标表表项
管理费	"费用表"管理费(第 1 项)
设备维修费	"费用表"设备维修费(第 2 项)
转产及技改	"费用表"转产及技改(第 3 项)
基本工资	"费用表"基本工资(第 10 项)
培训费	"费用表"培训费(第 11 项)
财务费用	"利润表"财务费用(＋)(第 9 项)
本年折旧	"利润表"折旧(＋)(第 5 项)
违约罚金合计	"利润表"营业外收支(一)(第 9 项)
现金余额	"资产负债表"现金(第 1 项)
应收账款	"资产负债表"应收账款(第 2 项)
应付账款	"资产负债表"应付账款(第 14 项)
长期贷款余额	"资产负债表"长期贷款(第 12 项)
短期贷款余额	"资产负债表"短期贷款(第 13 项)
股东资本	"资产负债表"股东资本(第 17 项)
所得税	"利润表"所得税(第 11 项)

特别提示:表中所有数据均按正数填写。

注意:

(1)"管理费""设备维修费""转产及技改"费用是企业财务总监全年支付金额的总和。

(2)"基本工资""培训费"是人力资源支出的操作工人的费用,每月 1 日在系统账单中列支,可以通过现金支出查询全年总和。

(3)"财务费用"特指本年的贷款利息(长期贷款和短期贷款的利息)、利息违约金、还贷本金违约金和贴现息四项之和。

(4)"折旧"是本年提取的生产线折旧合计,数据来源于本年消息中通知有哪条生产线发生过折旧,然后查询生产线类型,计算出提取的折旧额。

(5)"违约罚金合计"包括以下内容:

① 维修费违约。

② 管理费违约。

③ 代工收货违约。

④ 税款违约金。

⑤ 租金违约金。

⑥ 处理财产损失(财产损失是出售生产线所形成的资产损失)。

$$资产损失 = 生产线价值 - 累计折旧 - 残值$$

(6)"所得税":此项需要根据本年的权益合计计算是否需要缴税而定。操作方法如下:

① 不填写所得税提交报表,上报"财务岗统计表"生成了资产负债表后,取"权益合计项"数值。

② 计算"应纳税额"=当前"权益合计"-"上一次缴纳所得税的权益合计"(或称:纳税基数)。

③ 比较:如果"应纳税额">0,则计算所得税="应纳税额"×所得税比率;如果"应纳税额"<0,所得税=0(不缴所得税)。

④ 再次填报"所得税":用计算出的所得税值填报,再次上报;重新生成公司经营报表后,完成岗位报表。

5.3 生产总监(CPO)操作职能任务

5.3.1 生产总监任务清单

生产总监任务清单如表 5-13 所示。

表 5-13 生产总监任务清单

序 号	运行期	任 务
1	年初	参加订货会
2	年中	岗位现金申请

序　号	运行期	任　务
3	年中	新建生产线
4	年中	转产/技改生产线
5	年中	出售生产线
6	年中	全线推进(厂房内的所有生产线的状态推进)
7	年中	全线开产(厂房内的所有生产线上线开产)
8	年初、年中	生产上线预配
9	年中、年末	填制生产报表

5.3.2　生产总监操作规则

生产总监对生产过程的操作,可归为两个动作:"全线开产"和"全线推进"。通过各厂房的"全线开产"和"全线推进"按钮,对本厂房中的所有生产线推进"开产"和"推进"进程的操作。

(1)"全线开产"操作是对一个厂房内的所有状态为"解冻"状态的生产线进行上线生产的操作,成功上线生产的条件:

① 生产线处于"停产"状态。

② 已获得产品的生产资格。

③ 生产线已完成"预配"。

④ 生产总监的资金账户有足够支付计件工资的余额。

⑤ 生产线处于"解冻"状态(可以通过"冻结"/"解冻"按钮转变状态)。

(2)"全线推进"操作是对厂房内的所有生产线进行进程更新的推进操作,包括:

① 投资建线中的"投资期"完成并推进到下一投资期开始(包括最后一期推进完成建线)。

② 生产操作的"加工期"完成并推进到下一期开始(包括最后一期加工到期后,只有推进才能让产品完工下线)。

③ 转产操作的"转产期"完成并推进到下一转产期开始(包括最后一期转产到期,只有推进后才能结束转产)。

④ 技改过程的"技改期"完成并推进到下一技改期开始(包括最后一期技改到期后,只有推进才能结束技改)。

(3) 生产线的"冻结"和"解冻":为了主动不让生产线进行"全线开产"和"全线推进"操作,选择"冻结",选择"解冻",即让生产线参加"全线开产"和"全线推进"的操作。

5.3.3 生产线规则

生产线参数如表5-14所示。

表5-14 生产线参数

生产线标识	安装每期投资	安装期数	每期安装天数	生产期数	每期生产天数	残值	技改期数	每期技改天数	每期技改费用	技改提升比例
手工线	50	0	0	2	86	14	1	15	30	0.25
自动线	50	3	30	1	84	30	1	20	20	0.20
柔性线	50	4	45	1	84	20	1	20	20	0.20

转产期数	每期转产天数	每期转产费用	提取折旧天数	维修费	操作工人总数	必有初级以上	必有中级以上	必有高级以上	技改次数上限	折旧年限
0	0	0	360	5	3	3			2	4
1	30	30	360	15	2		1		1	4
0	0	0	360	20	2			1	1	4

(1) 安装期数。安装期指生产线的全部安装需要经过的"投资+安装"的过程次数,每次的动作是:投入资金(规定的"每期投资额"),然后经过"每期安装天数",才允许进行下一期的"投资+安装"的过程,直到"投资+安装"的次数达到"安装期数"的要求后,才能建成投入生产。

(2) 生产线建成总价=安装期数×每期安装投资额。

(3) 生产线开始投资建线时,需要确定该生产线生产的产品种类,当生产线建成后拥有该产品的生产资质,方可开工生产。

(4) 建线中的一期的完成日期到达当天或之后,必须通过点击"全线推进"结束本期,开启下期。

(5) 生产过程按照"生产期数"推进,每期必须进行"全线推进"操作,方能进入下期生产;最后一期生产到期后,同样需要点击"全线推进"才能完工下线,产品入库,否则一直处于"加工中"的状态。每个"生产期"的天数,由"每期生产天数"决定,一个产品的加工总时间(天)=生产期数×每期生产天数。

(6) 技改。技改是对安装完成的生产线所进行的减少"每期生产天数"的操作,一次技改减少生产天数=当前每期生产天数×技改提升比例。即一次技改后的生产周期变为原生产周期×(1-技改效率),取整方式为四舍五入。例如,原每期生产天数为86天,技改提升效率0.25,技改一次后的生产单期天数为86×(1-0.25)=64.5,之后进行四舍五入,结果为65天。

如生产线变换生产品种时需要进行生产线转产,转产条件如下:

条件1:只能在"停产"状态时启动转产操作。

条件2:生产总监的资金账户必须有足够支付转产费用的资金。

条件 3:生产线的操作没有被"冻结"。

(7) 折旧。生产线建成后 360 天内不计提折旧,之后每年提取一次折旧,提取的时间是:建成第 361 天计提第一次折旧,第 721 天计提第二次折旧,依此类推,直到建成后的第五年,提取最后一次折旧后,不再进行折旧操作。提取的折旧额＝(生产线总价值－生产线残值)÷折旧年限。

(8) 维修费。建成的生产线按年提取维修费,以建成当天开始计算,每年的这一天就是支付维修费的截止日。维修费以账单的形式每月 1 日由系统生成提交财务,由财务完成支付(参见财务岗位的"费用支付与扣除")。

(9) 生产线残值与出售。生产线残值有两个意义:

① 判断生产线是否提取折旧的标准,当生产线原值－生产线残值≤生产线残值时,不再提取折旧。

② 出售生产线的价格,当出售生产线时,只能按照生产线残值出售,生产线剩余的价值,计入财产损失(参见财务总监的报表说明)。

(10) 操作工。每种生产线的操作需要相应的操作工人完成。人员有两个重要的参数:

① 操作工总数:每类生产线必需的操作工人数,如柔性线操作工人数为 2 人。

② 操作工级别:每类生产线要求的最低级别操作工的人数,如柔性线必须有高级工 1 人,即柔性线必须包括 1 名高级工在内的 2 人操作。

特别提示:要求的最低级别人数不够时,可以由高于本级别的工人代替,但相应的计件工资会提高。不同级别的工人计件工资参数见表 5-15。

表 5-15 计件工资参数

工资类＼工种	初级工	中级工	高级工
计件工资	4	5	6

5.3.4 产品物料清单

产品物料清单如表 5-16 所示。

表 5-16 产品物料清单

序号	产品标志	R1(件数)	R2(件数)	R3(件数)	R4(件数)	P1(件数)	P2(件数)	P3(件数)	P4(件数)
1	P1			1					
2	P2		1		1				
3	P3	1			2				
4	P4	1	1	1	1				
5	P5	1	1			1			

产品物料清单是一个产品构成的所用原材料或产品的件数,或称产品的生产配方。组织生产时,需要按照此配方准备原材料。

5.3.5　生产预配操作规则

(1)"生产预配"的操作任务是:

① 将下次上线生产的原材料从库房配送到指定的生产线。

② 将操作工人指派到指定的生产线。

(2)没有预配的生产线,不能进行"开产"操作。

(3)"生产预配"操作可以由采购和生产两个岗位共同分担。

(4)"生产预配"按生产线逐条操作。

(5)"生产预配"可以在年初和年中进行,年末禁止该操作。

(6)生产线转产状态等,都可以进行预配操作。

(7)"生产预配"后,原材料按照先进先出的原则出库到生产线(原材料库存减少),预配到生产线的操作工人,被标注为"待岗状态",不能进行培训和辞退等操作。

(8)"生产预配"自动解除。有两种情况自动解除已存在的预配:

① 生产线进行转产操作时,自动解除原有的预配(因为转产就是为了变换产品,自然原产品的预配不适合目标产品),解除后,原材料退回到库房,操作工解除"待产"状态。

② 每年12月30日"年中"经营结束时,自动解除所有生产线的预配,解除预配的目的是为了"年末"的资产盘点。

5.3.6　生产总监报表

在制品统计报表如表5-17所示;生产设备统计报表如表5-18所示。

表5-17　在制品统计报表

项目 / 在制品	P1	P2	P3	P4	P5
数量					
价值					

注:产品"在制品价值"合计后并入"资产负债表"的"在制品"项目的年末数。

表5-18　生产设备统计报表

项目 / 生产线	手工	自动	柔性
总投资			
累计折旧			
在建已投资额			

注:各生产线的"总投资"合计—"累计折旧"合计(生产线净值)并入"资产负债表"的"机器与设备"项的"期末数"。

各生产线的"在建已投资额"合计数并入"资产负债表"的"在建工程"项的"期末数",填报时的数据采自生产线本年状态数据。

(1) 在制品"数量":当前所有生产线正在生产的产品数量(在当前生产线详细资料中查询)。

(2) 在制品"价值":当前所有生产线上的在制品总价值(包括原材料成本和计件工资),数据来源于当前生产线详情。

(3) 生产线"总投资":当前生产线的总价值,即生产线原值总和。

(4) 生产线"累计折旧":当前生产线的累计折旧合计。

(5) "在建已投资额":当前在建的生产线已经投入的资金总和,即不管何时开始投建的生产线,只要是当前的状态是在建,则记为"在建已投入资金"。

5.4　采购总监(CSO)操作职能任务

5.4.1　采购总监任务清单

采购总监任务清单如表 5-19 所示。

表 5-19　采购总监任务清单

序号	运行期	任务
1	年初	参加订货会,获取订单
2	年中	预算经费申请
3	年中	原料市场预订原料
4	年中	原料仓库收货和付款
5	年中	现货交易市场出售原料
6	年中	现货交易市场购买原料
7	年初、年中	生产上线预配
8	年中、年末	填制采购统计表

5.4.2　原料采购规则

原料供货规则如表 5-20 所示。

表5-20　原料供货规则

序号	供应商标识	原料标识	单价	当前数量	质保期（天）	交货期（天）	违约金比例	违约容忍期（天）	OID1	OID2	处理提前（天）
1	系统供应商	R1	10	500	80	30	0.1	20	0.1	0.1	20
2	系统供应商	R2	10	500	80	30	0.1	20	0.1	0.1	20
3	系统供应商	R3	10	500	80	60	0.1	20	0.1	0.1	20
4	系统供应商	R4	10	500	80	60	0.1	20	0.1	0.1	20

（1）原材料采购市场的原材料数量各年不同，请以系统当年各季度数据为准。

（2）只有系统供应商供货。

（3）原材料供货需提前预订，预订不需要预付费用，表5-20中的"交货期"为预订到收货的时间。

（4）原材料订货订单下达之日开始，根据"交货期"确定为"收货日期"，只有"收货日期"当天可以进行"收入库中"操作。

（5）点击"收入库中"按钮时，先进行划转资金的操作，只能从采购总监账户划转资金，如果资金不足，则"收入库中"操作失败，同时记录操作错误。

（6）到货日当天没有完成"收入库中"操作，第二日便进入"收入库中"违约容忍期（表5-20中违约容忍期），仍然可以进行收货操作，但需要缴纳违约金，即支付货款收货之外，货款中还要加入违约金，计违约错误一次，扣减所有市场的OID（OID减数1）。

（7）如果过了违约容忍期仍未完成"收入库中"，系统强制取消订单，同时从财务账户中强制扣除违约金，计违约错误一次，扣减各市场的OID（扣减减数1和减数2两项）。

（8）被"取消"的原材料，当天补充返回"现货交易市场"的原材料订单，且市场出售单价统一改为原价值的2倍，可继续被订货，年末清除。

（9）原材料的质保期从到货日开始计算，在库存原材料中显示为"失效日期"，在失效日期（含当天）内，原材料可以上线生产，或有条件（据失效日20天以上）销售。

（10）原材料失效日期过后的第一天，系统强制清除失效原材料（包括已经预配到生产线的原材料），原材料价值的损失计入营业外支出项。

（11）没有下订单的原材料不能采购入库，所有下订单的原材料必须采购入库，原材料入库时支付现金。

5.4.3　现货交易规则

现货市场订单如表 5 - 21 所示。

表 5 - 21　现货市场订单

序号	商品标识	当前可售数量	市场出售单价(万元)	市场收购单价(万元)	出售质保期(天)	交货期(天)	年　份
1	R1	20	20	5	50	0	1
2	R2	20	20	5	50	0	1
3	R3	20	20	5	50	0	1
4	R4	20	20	5	50	0	1

（1）现货市场的订单各年均为表 5 - 21 列出的数量。

（2）现货市场的交易都是现金现货交易，买卖成交后，先从采购岗现金账户中划转资金，再从市场中转移原材料；如果账户资金不足，则终止交易。

（3）现货市场采购原材料的价格是表 5 - 21 中的"市场出售单价"，而公司出售原材料的单价，按照表 5 - 21 中的"市场收购价"计算。（注：本年如有被"取消"的原材料订单，按原订货数量当天补充返回到"现货交易市场"，且市场出售单价统一改为订货价格的 2 倍，该数量本年末清除）

（4）公司出售给现货市场的原材料成交后，增加当期的现货市场原材料的库存量。

（5）公司出售给现货市场的原材料，必须是保质期到期前的 20 天（表 5 - 20 中的处理提前）以上，即出售日距"原料失效日"必须大于 20 天，系统自动按照先进先出的原则和质保期大于 20 天的原则，提取公司原材料库存；如果原材料库存不足，交易失败，同时记录错误操作一次。

5.4.4　采购总监报表

原料统计表如表 5 - 22 所示。

表 5 - 22　原料统计表

原料	库存原料量(件数)	库存原料价值(万元)	零售(含拍卖)收入(万元)	零售(含拍卖)成本(万元)	失效和违约价值(万元)
R1					
R2					
R3					
R4					

特别提示：表 5 - 22 中的所有数据均按正数填入。

注:表中各原材料"库存原料价值"合计后,并入"资产负债表"的"原材料"项的"期末数"表中各原材料(零售收入－零售成本)合计后,并入"利润表"的"营业外收支"项的"金额";表中各原材料"失效和违约价值"合计后,以负数并入"利润表"的"营业外收支"项的"金额"。

填报报表时的数据采自各个原材料本年的以下数据:

(1)"库存原料数量":当前的库存数量(在当前库存中查询)。

(2)"库存原料价值":当前库存的总金额(在当前库存中查询)。

(3)"零售(含拍卖)收入":当年在现货市场卖出原材料和在拍卖市场卖出原材料的总收入(需要在零售时记录)。

(4)"零售(含拍卖)成本":当年在现货市场卖出和在拍卖市场卖出时出库的总成本(需要在零售时记录)。

(5)"失效和违约价值":当年被强制清除的过期原材料价值(需要查询相关消息统计),以及收货违约产生的违约金和订单取消产生的收货违约金(查询当年的采购订单获得)。

5.5　销售总监(CMO)操作职能任务

5.5.1　销售总监任务清单

销售总监任务清单如表5-23所示。

表5-23　销售总监任务清单

序　号	运行期	任　务
1	年初	参加订货会,获取订单
2	年中	预算经费申请
3	年中	产品交货
4	年中	现货交易市场出售原料和产品
5	年中	现货交易市场购买原料和产品
6	年中	临时交易市场获取订单
7	年中、年末	填制库存和销售统计表

5.5.2　订单相关规则

订货会是每年年初企业分市场集中获取订单的过程,选单顺序依企业知名度排名确定。年初订货会获取订单。

(1)年初促销广告时段,根据市场订单及市场分析,提出促销广告投入建议,争取理想的订单分配顺位。

(2) 订单申请时段,与生产总监共同确定各个市场订单的产品申请数量,并在申请结束前,确保申请提交成功。

1. 订单状态规则

当年分配的订单不论状态如何,都能在产品仓库的订单中查到。每张订单都会有一个状态(见表 5-24)印章。

表 5-24 销售订单状态说明

状 态	状态印章	状态说明	下一步操作
订单未交货	未完成	正常未交货订单	交货
订单正常交货	完成	正常交货	收应收款
容忍期内未交货的订单	违约未完成	可以交货(计算违约金)	交货
容忍期内交货	违约完成	在容忍期内完成交货	收应收(扣除违约金)
容忍期后未交货	取消	取消订单并强扣违约金	强扣违约金

2. 订单"交货"与"取消"规则

交货规则如表 5-25 所示。

表 5-25 交货规则

序号	市 场	订单违约金比例	违约容忍期限(天)	OID 减数 1	OID 减数 2	临时延期交货时间(天)	临时单价放大倍数
1	本地	0.2	30	0.3	0.1	90	1.1
2	区域	0.2	30	0.3	0.1	90	1.1
3	国内	0.2	30	0.3	0.1	90	1.1
4	亚洲	0.2	30	0.3	0.1	90	1.1
5	国际	0.2	30	0.3	0.1	90	1.1
6	原料零售	0.25	30	0.3	0.1	0	0
7	产品零售	0.25	30	0.3	0.1	0	0

(1) 所有订单必须在订单规定的交货日期前(包括当日),按照订单规定的数量交货,订单不能拆分交货。

(2) "交货"完成的日期是应收账期的起点日期。

(3) "交货"日期后的第一天还未完成"交货"的订单被标注"违约未完成"状态,此时记为容忍期开始。在容忍期到时前(包括容忍期结束日当天),仍然可以进行"交货"操作,但系统会计算出"违约金",并扣减诚信度 OID1。如果完成交货,违约金被直接从应收款中扣除。

(4) 容忍期结束日之后的第一天,仍未执行"交货"的订单被返回到"临时交易"

市场,原订单标注为"取消"状态,不能执行"交货"操作,同时强制扣除违约金和诚信度 OID2。

(5)容忍期截止日期跨年的订单,可以保留到下年,下年完成交货后,计入下年的销售收入,下年不能完成的违约订单,将被直接取消,扣减 OID2,但不进入下年的"临时交易"市场,扣除的违约金计入下年的报表。

5.5.3 临时交易订单规则

1. "临时交易"市场开放时间

"临时交易"市场在"年中"12 个月开放的产品订货市场,其订单来源于被取消(过了交货容忍期仍未交货)的年初订货订单。

2. "临时交易"市场订单

(1)取消的年初订单按相对应的市场进入"临时交易"市场,即本地市场订单进入本地"临时交易"市场。

(2)"临时交易"的订单交货期从原订单取消之日开始,按照系统设置的天数推迟,即交货期后延。

(3)"临时交易"市场订单的产品单价根据系统设定比例上浮,即订单的单价与原单价不同。

(4)"临时交易"市场订单到交货期之日仍未被公司获取时,订单将在交货日期之后的第一天撤出"临时交易"市场,并且不再进入该市场,对于交货期跨年的未分配订单,本年结束时,自动撤出"临时交易"市场。

(5)"临时交易"市场将在某公司的年初订货会订单超过交货期(即容忍期)后,向全体公司的销售总监推送"临时交易"市场的订单预报。预报内容为:"××月××日××市场将有××个××产品的订单发布,请关注!"其中的发布日期,即违约订单的容忍截止日期,但能否真实进入"临时市场",取决于违约公司是否能在容忍期内完成该订单。

(6)如果订单容忍期的截止日跨年,将不再发布"临时交易"市场预报的消息,即跨年违约的订单不进入下年的"临时交易"市场。

(7)从"临时交易"市场中获取的订单再次违约被取消时,不再进入"临时交易"市场。

(8)如果公司已获得的"临时交易"市场订单的交货日期超过本年最后一天,允许跨年执行,即可以在本年执行"交货"操作,也可跨年再执行"交货"操作。

3. "临时交易"市场获取订单的公司资格

(1)具有该市场的市场资质。

(2)进入"临时交易"市场之日前,本年度在该市场没有"交货"违约(包括违约完成状况)。

(3)如果"临时市场"订单有 ISO 9000 或 ISO 14000 资质要求,没有资质的公司不能获取该订单。

（4）"临时交易"市场只有"销售总监"可进行"选单"操作。

4．"临时交易"市场订单申请和分配

（1）以申请提交的系统时间为准,按照先到先得原则分配订单。

（2）可以申请一张订单中产品任意数量,点击"申请"按钮时,由于可能有多个公司同时提交"申请",系统会根据各队点击"申请"的先后顺序进行产品数量分配。

① 如果分配时订单产品剩余数量大于等于"申请"数量,全数分配。

② 如果分配时订单产品剩余数量小于"申请"数量,按剩余数量分配。

③ 如果分配时订单产品剩余数量为0,停止分配。

（3）如果同一个公司在同一张订单有两次以上的"申请"操作且都获得分配时：

① 没有执行交货的订单将被合并成一张订单(产品数量相加)。

② 已经有一张订单交货,则新取得的同号订单为同号新订单。

5．"临时交易"市场订单交货

（1）交货规则与年初订单的交货规则一致。

（2）如果已分配的"临时交易"订单的交货期跨年,可以保留到跨年交货,销售收入计入下年。

（3）上年的"临时交易"订单违约或"取消",不算本年的违约。

5.5.4　现货交易规则

现货市场订单如表5-26所示。

表5-26　现货市场订单

序号	商品标识	当前可售数量	市场出售单价(万元)	市场收购单价(万元)	出售质保期(天)	交货期(天)	年份
1	P1	20	45	20	0	0	1
2	P2	20	65	30	0	0	1
3	P3	20	85	40	0	0	1
4	P4	20	110	50	0	0	1
5	P5	20	145	60	0	0	1

（1）现货市场的订单各年均为表中列出的数量。

（2）现货市场的交易都是现金现货交易,买卖成交后,先从销售岗位现金账户中划转资金,再从市场中转移产品;如果账户资金不足,则终止交易。

（3）现货市场采购产品的价格是表中的"市场出售单价",而公司出售产品的单价,按照表中的"市场收购价"计算。

（4）公司出售给现货市场的产品成交后,会增加当期现货市场原材料或产品的库存量。

5.5.5　销售总监报表

产品统计表如表 5－27 所示。

表 5－27　产品统计表

项目	数　量	订单收入	违约罚款	销售成本	产品库存数	库存价值
P1						
P2					当前的产品库存数量	当前库存产品的价值
P3						
P4						
P5						

注意:

表中("订单收入"－"违约罚款")按产品并入"销售统计表"的产品"收入"项;表中的"销售成本"按产品并入"销售统计表"的产品"成本"项。

表中各项的填写规则如下:

(1)"数量":填写"当年"已交货的订单,可以从当年的产品库存的单据中查询,这些出库包括:

① 年初订货会订单交货出库;

② 现货市场销售出库;

③ "临时交易"市场已交货订单。

(2)"订单收入":按照表 5－28 的算法进行销售收入的计算汇总。

表 5－28　销售收入计算规则

销售操作	销售总额(数量×单价)	违约金(销售总额×违约比例)	销售收入计算
订单按期交货	订单总额	0	订单总额－0
订单违约交货	订单总额	订单总额×违约比例	订单总额×(1－违约比例)
订单违约取消	0	订单总额×违约比例	0－违约金
现货零售	产品出售总价	0	产品出售总价－0

注意:

(1)"订单总额"通过查询当年已完成的订单直接获取。

(2)"违约金"通过查询当年已处理(包括完成和取消)订单的"罚金"项直接获取。

(3)现货零售:需要在现货市场卖出产品时,自行记录或从消息中获得。

(4)"销售成本":查询当年已处理的订单中的"转出成本"项直接获取。

(5)"产品库存数":直接从库存状态中获取。

(6)"库存价值":直接从库存状态中获取。

模块6　经营操作

企业模拟经营电子沙盘是由组员分组组建公司,承担不同角色,做出各种经营决策的系统。通过使用企业模拟经营软件,各组间面对共同的市场进行竞争,模拟以季度为基本单位,每年总结,多年运营。

【任务目标】
　◈ 掌握全年运营总流程和年度运营操作要求。
　◈ 熟练操作全年企业模拟经营电子沙盘。
　◈ 学习战略计划的制订,并推演企业全年的运营分解任务。
　◈ 各职位的组员各司其职,并能协调好和其他职位组员之间的关系。
　◈ 通过电子沙盘的演练,认识企业的运营流程。

【任务提出】
　　电子沙盘演练可以让各组员了解企业各部门的运营情形,身临其境地感受市场竞争的精彩与残酷,体验如何承担经营风险,更加清晰地明白一个企业的生产经营中现金流、物流、信息流是如何互相影响、互相促进的。五个人在短时间内要经营三年或者四年,除了定策略、改方案、走流程,还要进行报表处理等,沙盘培训不仅让大家更加熟悉企业经营,让自己的策略在短时间内进行验证,同时也培养大家团队分工协作、相互合作的能力。

6.1　经营准备

6.1.1　账号注册

1. 进入方式

(1) 网址:https://www.staoedu.com/login。

（2）百度搜索"约创"。

2. 注册账号

输入相应信息，点击"确认注册"，注册完毕（以手机号注册，昵称为学号＋姓名）。

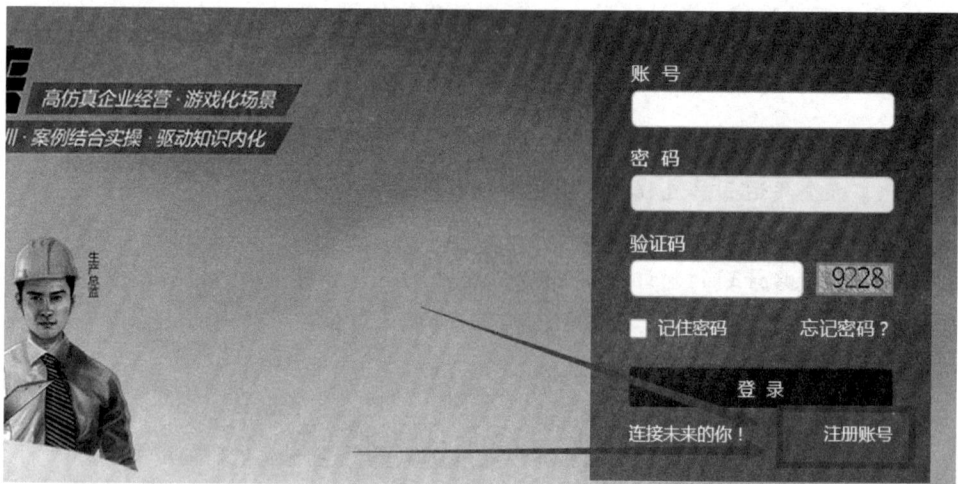

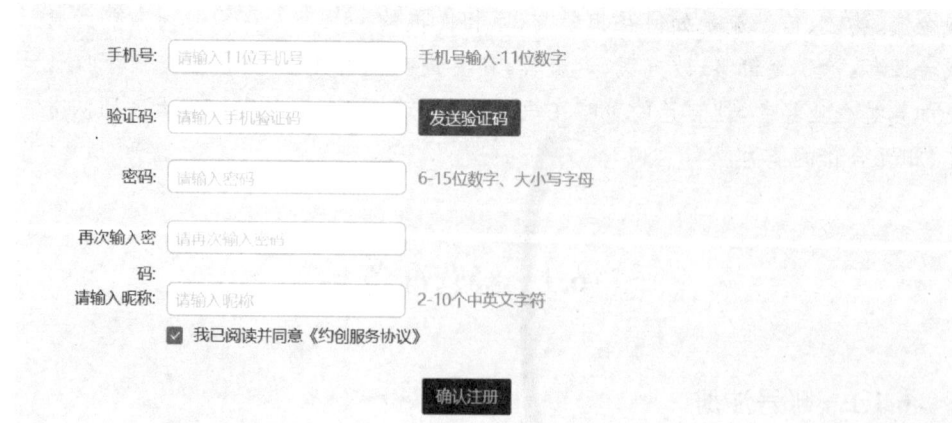

6.1.2　账号登录

输入已注册的手机号、密码、验证码进行登录。

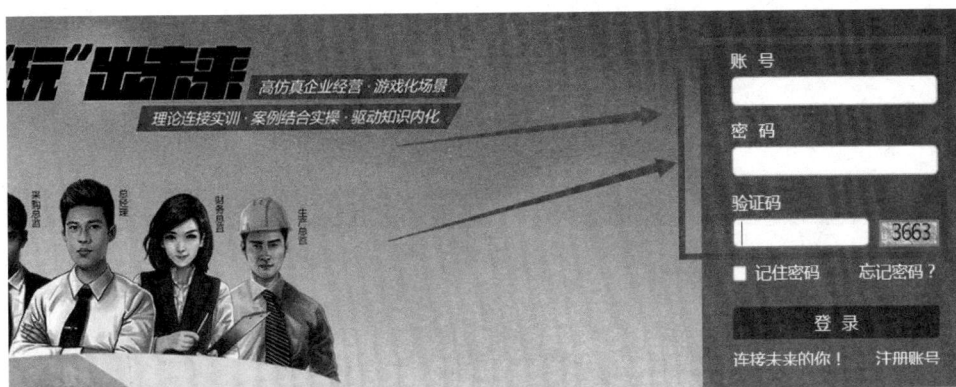

6.1.3　会员加入俱乐部

登录后,搜索自己学校俱乐部的名字,搜索:江苏财经 ERP 沙盘。

点击俱乐部名称,关注并加入俱乐部(不是仅仅点关注)。

6.1.4 队员参赛

选手登录后,在自己俱乐部主页内,即可进入比赛场地。

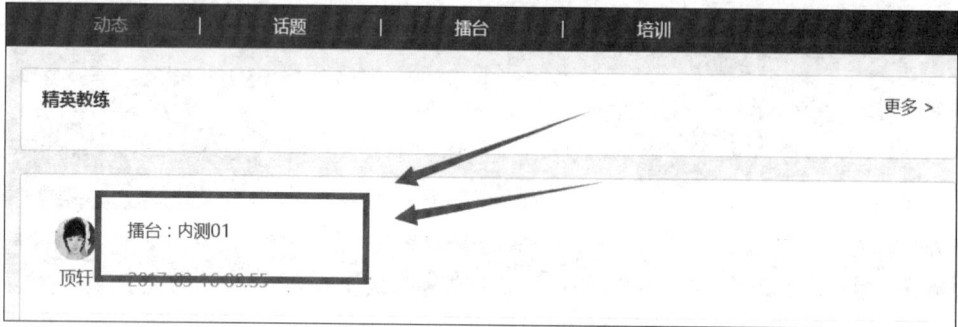

点击"进入"进入比赛。

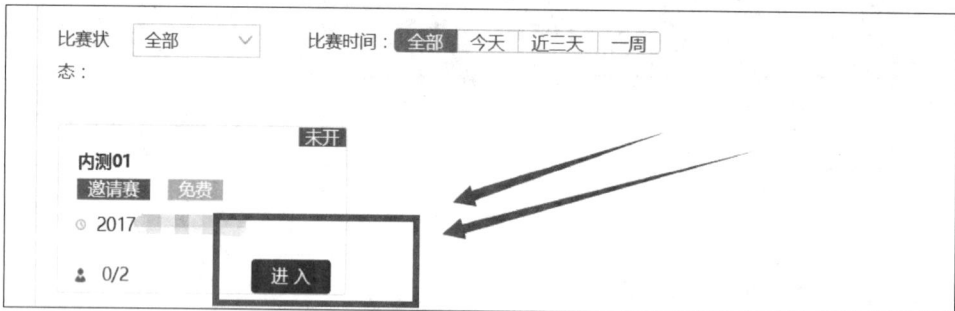

选择"未创建",即可加入比赛。

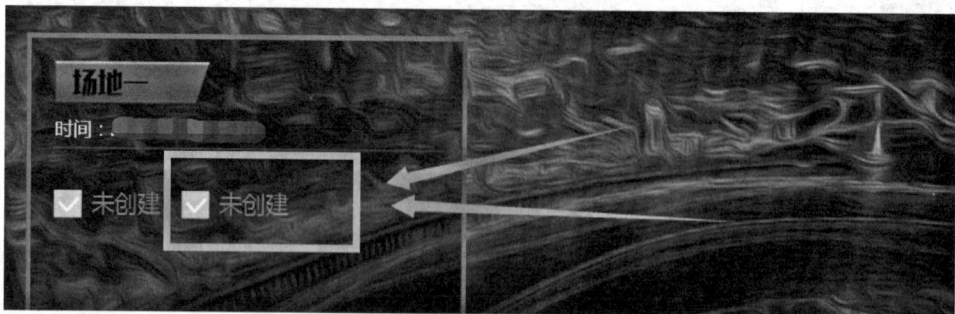

企业全年运营总流程共分为三个阶段,分别为年初运营阶段(时长 20 分钟)、年中运营阶段(时长 60 分钟)、年末运营阶段(时长 5 分钟)。

6.2　年初经营

6.2.1　投放广告

在现实中,企业往往会通过各种渠道以投入广告来扩大产品的知名度,从而扩大产量取得利润。

在沙盘模拟运营实训中,广告费的投入也是企业持续发展的关键。如果广告费用投入过多,企业利润减少,就会影响企业的后续发展;广告费太少,无法获得足够的订单,那么产品积压过多也会造成资金流断裂。

年初会有 5 分钟时间来进行促销广告的投放。广告投放的资金来源于"总经理",如总经理没有现金,则无法投放。企业生产的依据是销售预测和客户订单。广告分市场投放,投放广告于每年年初召开,一年只召开一次。广告的投放是后续选单的依据。

投放广告操作流程:年初订货→投放广告。

注意：投放的广告针对具体市场进行投放，而不是针对单一产品，即"本地"市场投放广告后该市场的所有产品订单均可进行选单。广告投放结束后，生成选单排名。

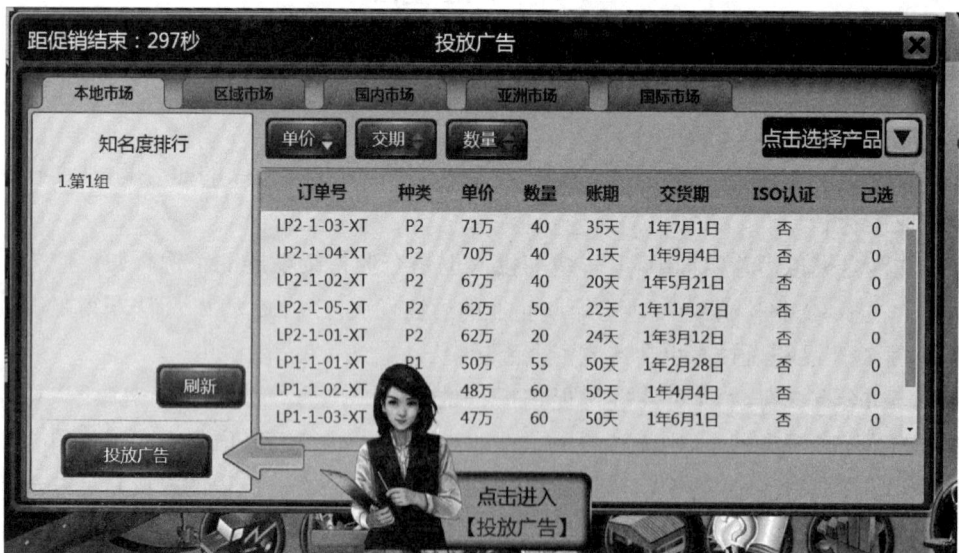

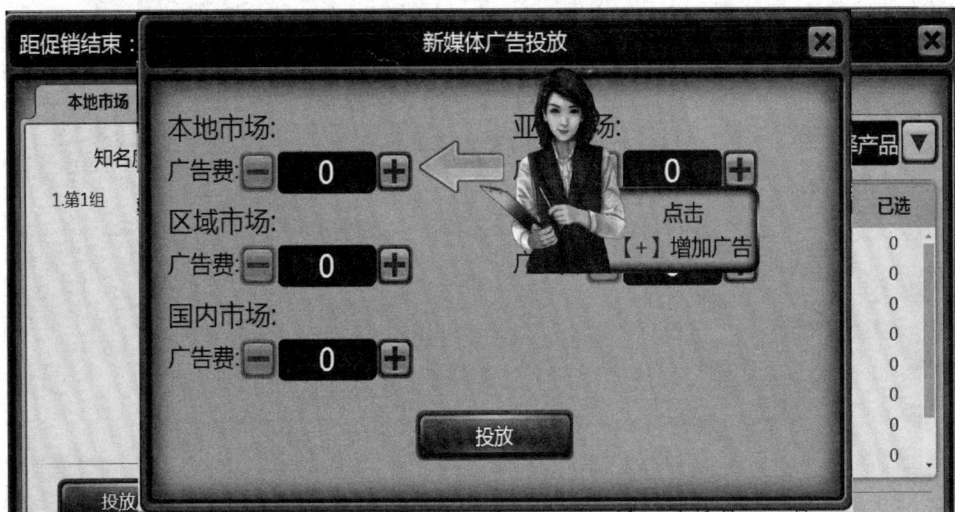

6.2.2　选单

年初选单时间分为 10 分钟的第一轮选单和 5 分钟的第二轮选单。促销广告结束后会直接跳转到选单界面。

选单操作流程：点击订单"＋"或者"－"进行订单数量的选择，确定后点击"选单"按钮，系统提示选单成功。

第二轮选单方式与第一轮相同，但只能在第一轮选单完成后的剩余订单中进行选择（第一轮没有选满情况下，通过第二轮选单进行补选）。

注意：

（1）如果选择同一张订单，则实际分配时会将两轮数量合并成同一张订单。

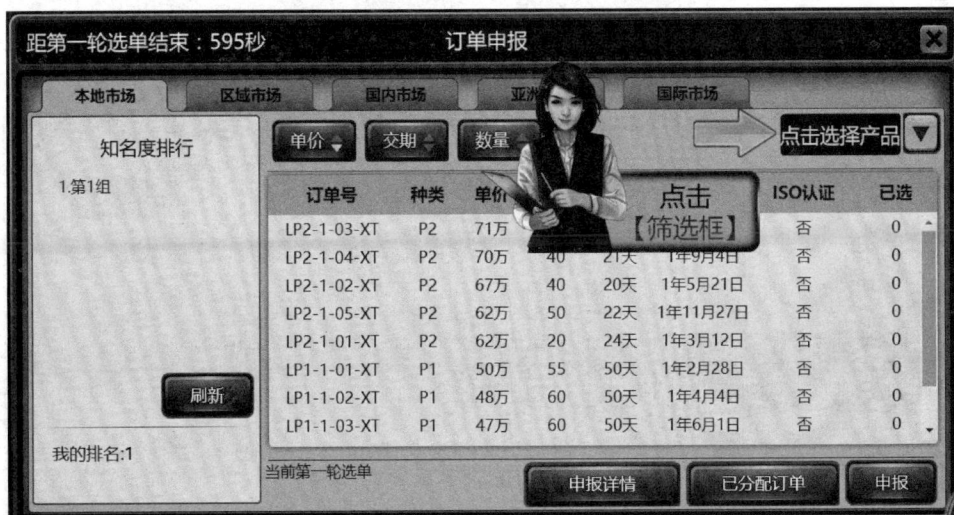

距第一轮选单结束：595秒　　　　订单申报

| 本地市场 | 区域市场 | 国内市场 | 亚洲市场 | 国际市场 |

知名度排行

1.第1组

单价 | 交期 | 数量　　　　　　　　　　　　　P1

订单号	种类	单价	数量	账期	交货期	ISO认证	已选
LP1-1-01-XT	P1	50万	55	50天	1年2月28日	否	0
LP1-1-02-XT	P1	48万	60	50天	1年4月4日	否	0
LP1-1-03-XT	P1	47万	60	50天	1年6月1日	否	0
LP1-1-04-XT	P1	45万	70	55天	1年9月8日	否	0
LP1-1-05-XT	P1	43万	70	60天	1年12月13日	否	0

刷新

我的排名:1

当前第一轮选单

点击【申报】按钮

申报

距第一轮选单结束：595秒　　　　订单申报

| 本地市场 | 区域市场 | 国内市场 | 亚洲市场 | 国际市场 |

知名度排行

1.第1组

单价

选择数量

LP1-1-01-XT

单价：50W

−　0　＋

确定

点击【+】按钮

刷新

我的排名:1

当前第一轮选单

申报详情 | 已分配订单 | 申报

距第一轮选单结束：595秒　　　　订单申报

| 本地市场 | 区域市场 | 国内市场 | 亚洲市场 | 国际市场 |

知名度排行

单价 | 交期 | 数量　　　　　　　　　　　　　P1

订单号	种类	单价	数量	账期	交货期	ISO认证	已选
LP1-1-01-XT	P1	50万	55	50天	1年2月28日	否	0
LP1-1-02-XT	P1	48万	60	50天	1年4月4日	否	0
LP1-1-03-XT	P1	47万	60	50天	1年6月1日	否	0
LP1-1-04-XT	P1	45万	70	55天	1年9月8日	否	0
LP1-1-05-XT	P1	43万	40	60天	1年12月13日	否	0

鼠标左键点击

刷新

我的排名:1

当前第一轮选单

申报详情 | 已分配订单 | 申报

（2）第一、第二轮选单轮数之间可以通过"已分配订单"查看自己的获取订单。

（3）在相同轮次中可以针对同一订单数量进行多次的"＋""－"操作并点击"选单"按钮重新确认最终订单，系统默认最后一次点击"选单"按钮为准，如果第一轮已经结束，则第一轮获取的订单将无法修改。

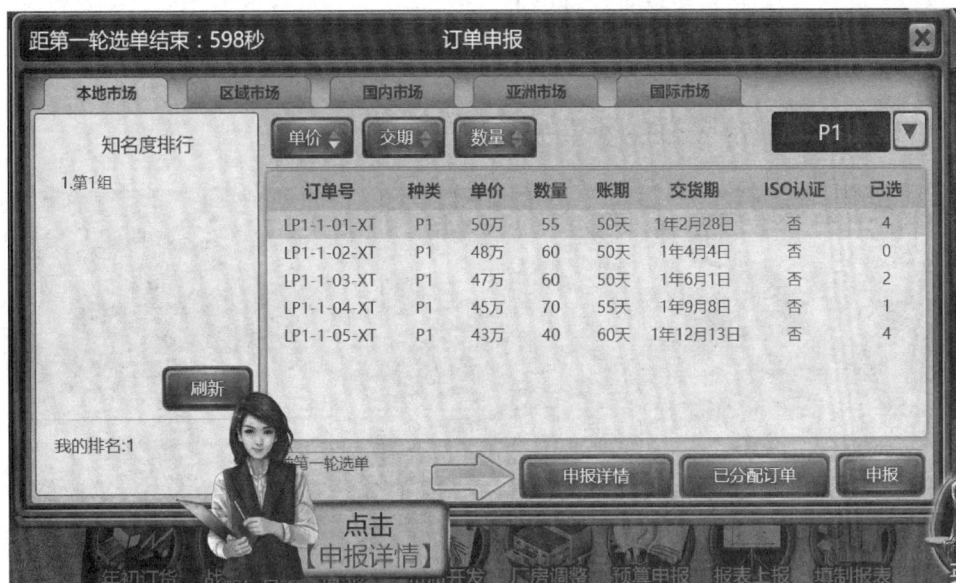

距第一轮选单结束：598秒　　　订单申报

本地市场　　区域市场　　国内市场　　亚洲市场　　国际市场

知名度排行

1.第1组

单价　交期　数量　　　　　　　　　　P1

订单号	种类	单价	数量	账期	交货期	ISO认证	已选
LP1-1-01-XT	P1	50万	55	50天	1年2月28日	否	4
LP1-1-02-XT	P1	48万	60	50天	1年4月4日	否	0
LP1-1-03-XT	P1	47万	60	50天	1年6月1日	否	2
LP1-1-04-XT	P1	45万	70	55天	1年9月8日	否	1
LP1-1-05-XT	P1	43万	40	60天	1年12月13日	否	4

刷新

我的排名：1　　第一轮选单　　　　　申报详情　已分配订单　申报

点击【申报详情】

（4）订单分配标准按照投放广告排名先后进行订单的分配，优先满足排名靠前企业的需求，两轮选单意味着有两次分配机会，分别在两轮选单结束后。

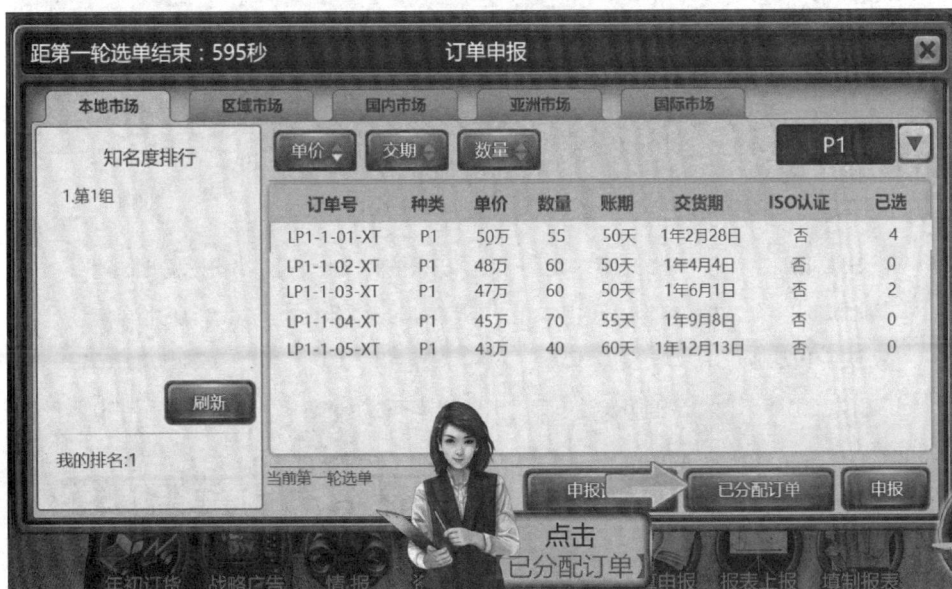

距第一轮选单结束：595秒　　　订单申报

本地市场　　区域市场　　国内市场　　亚洲市场　　国际市场

知名度排行

1.第1组

单价　交期　数量　　　　　　　　　　P1

订单号	种类	单价	数量	账期	交货期	ISO认证	已选
LP1-1-01-XT	P1	50万	55	50天	1年2月28日	否	4
LP1-1-02-XT	P1	48万	60	50天	1年4月4日	否	0
LP1-1-03-XT	P1	47万	60	50天	1年6月1日	否	2
LP1-1-04-XT	P1	45万	70	55天	1年9月8日	否	0
LP1-1-05-XT	P1	43万	40	60天	1年12月13日	否	0

刷新

我的排名：1　　当前第一轮选单　　　申报　已分配订单　申报

点击已分配订单

6.2.3　市场准入

市场需要投入一定费用并进行一定时间的前期开发才能在此市场选取订单,销售产品。当某个市场开发完成后,该企业就取得了在该市场的经营资格,此后就可以在该市场进行广告宣传,争取客户订单了。

年初 20 分钟投放广告和选单时间段内,可以进行"市场准入"(开拓市场)操作。开拓资金来源于"总经理"。如总经理没有现金,则无法开拓。

"市场准入"流程:总经理办公室→资质开发→市场准入。

注意:资质开发结束后可以选择具备相应资质的订单,如"区域市场"开发周期一年。

6.2.4　ISO 认证

年初 20 分钟投放广告和选单时间段内,可以进行"ISO 认证"操作。ISO 认证体系可以同步进行投入,每年度按要求分别投入相应的认证费用,认证投入完成后,在下一年度可以参与有相关认证要求的市场订单竞争。认证资金来源于"总经理",如总经理没有现金,则无法认证。

"ISO 认证"流程:总经理办公室→资质开发→ISO 认证。

注意:认证开发结束后可以选择具备相应认证的订单,如"ISO 9000 和 ISO 14000"开发周期分别为 2 期(年)与 3 期(年)。

6.3　年中经营

6.3.1　总经理

1. *厂房调整*

公司生产产品需要有生产线,生产线必须安装在厂房内。企业共有四个厂房。对于租用的厂房,到付租金任务时,如果厂房内没有任何生产线,不管当年是否使用过该厂房,均需支付租金。

"总经理"在"厂房调整"对厂房进行购买或者租用,以及续租的操作。

注意:租用厂房无法进行租转买(租用厂房转为购买厂房,需要卖出租用厂房内购买的生产线)。

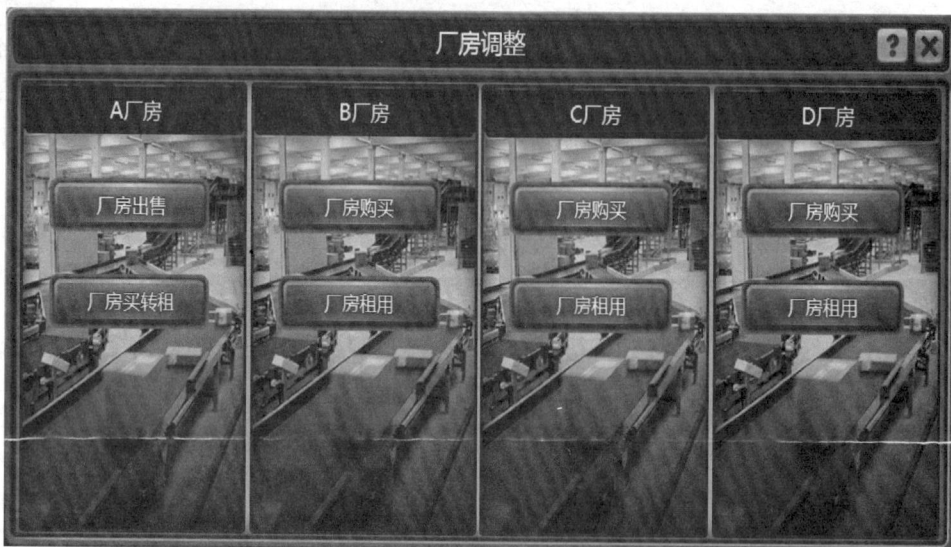

2. 预算申报

各个岗位从财务总监获取资金的唯一方法是预算申报。

注意：在申报预算时，需选择自己当前岗位，并且输入申报金额，进行申报操作，并由财务总监审批后方可获取资金。

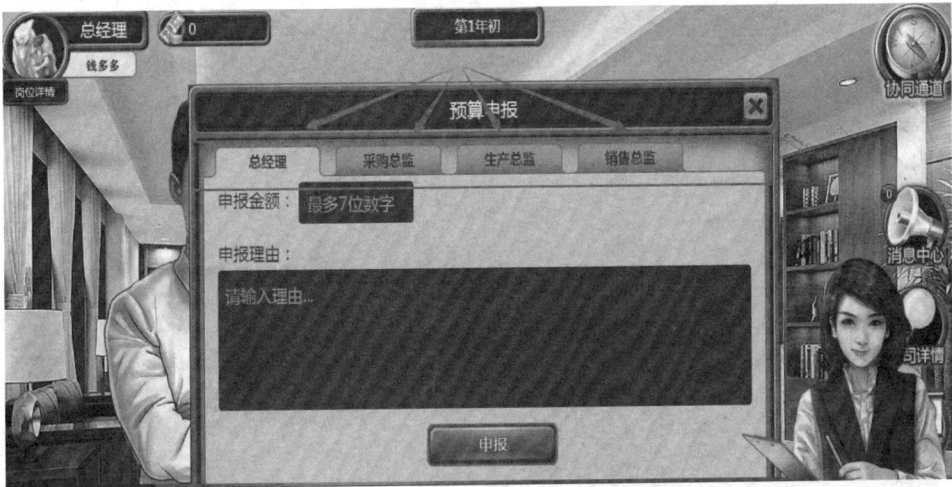

3. 产品资质开发

年中时间段内,总经理可进行"产品资质开发"操作。资质开发资金来源于"总经理"账户,如总经理没有现金,则无法开发。

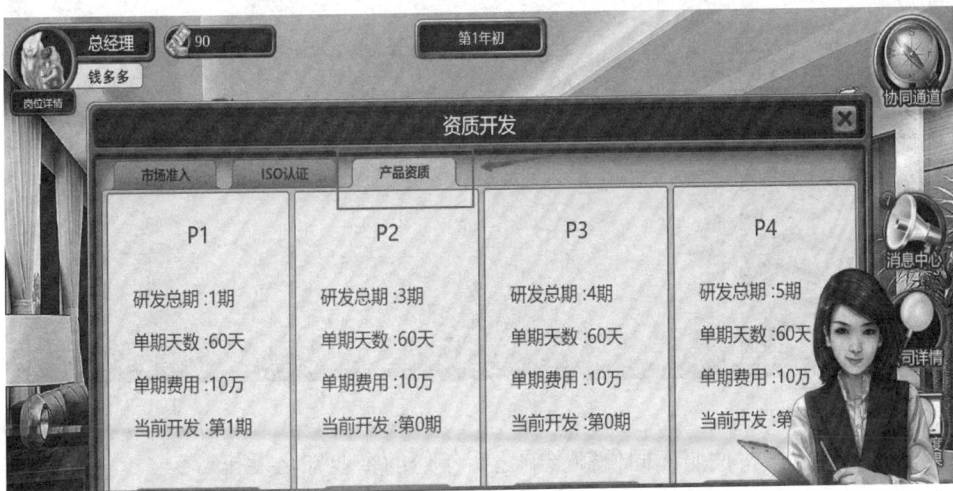

注意:阶段周期到期后需要手动进行下个周期的研发。所有产品可以同步进行研发,每到固定时间要求分别投入相应的研发费用。产品研发累计周期和投入完成后企业可以生产该产品。

4. 公司详情

进行查看公司内所有岗位的当前情况,如"资金状况""产品库存""原料库存""厂房状况""生产线状况""资质状况""操作人员"等。

5. 投放战略广告

投放战略广告将按照不同份额影响之后年份的企业知名度排行。

注意:战略广告的投放,广告资金来源于"总经理"的账户。如果总经理没有现金,则无法投放。战略广告份额按照 60%、30%、10%影响第二年、第三年、第四年的企业知名度。

6.3.2　财务总监

1. 筹资

贷款可以选择长期贷款也可以选择短期贷款。

（1）长期贷款：到期偿还本金，每年支付利息，减少资金的还款压力。

（2）短期贷款：一年四季都可以贷款，较灵活，但是由于本金和利息一次性偿还，破产概率较大。

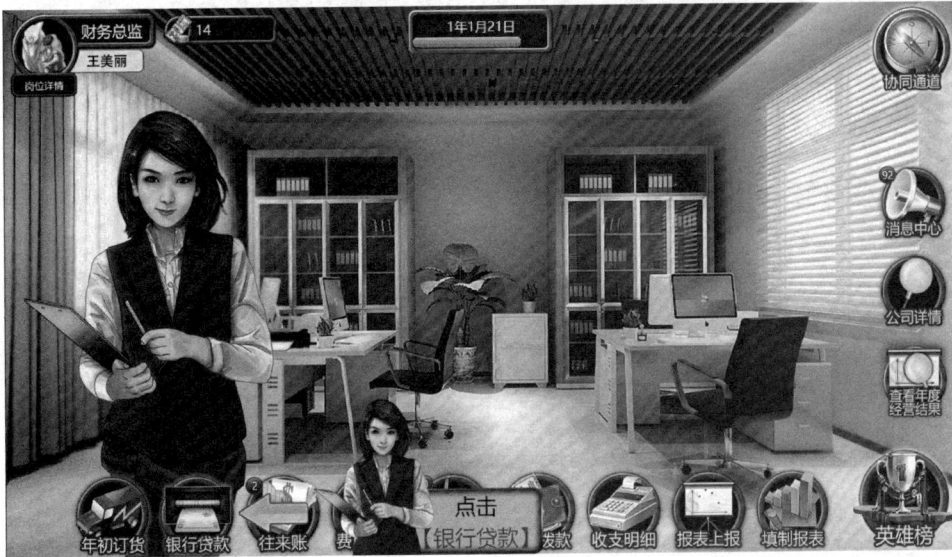

注意： 贷款按照份额套餐执行，长期贷款一份 20 万元，短期贷款一份 10 万元。

2. 拨款

当某岗位进行资金申报时，财务总监可以通过拨款操作进行资金申请的批准或者驳回。

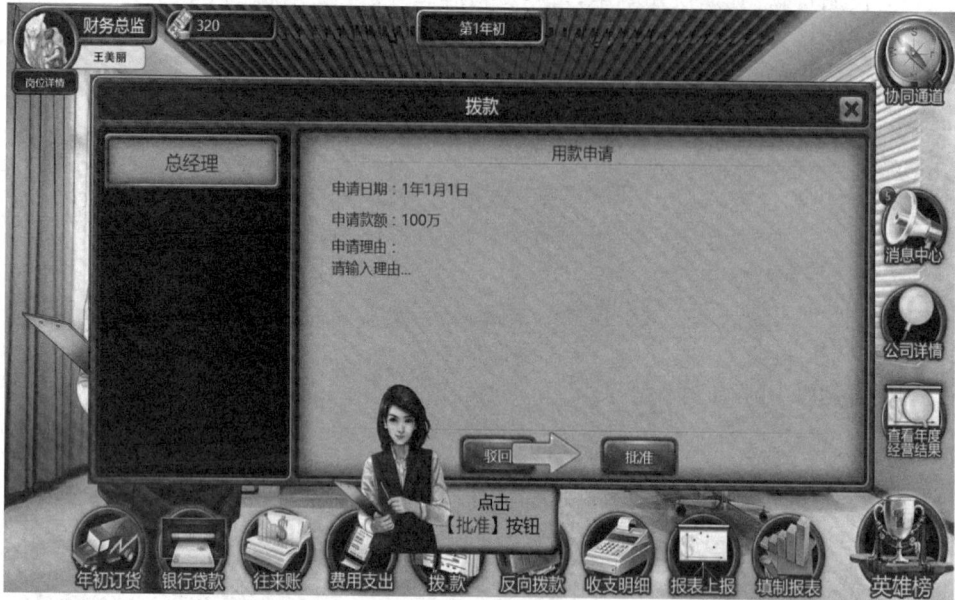

3. 反向拨款

当某一岗位资金过多时,财务总监可以进行资金的反向调拨,将其岗位资金拨回财务总监账户。

4. 费用支出

财务总监对每个月应缴费用的手动缴纳。

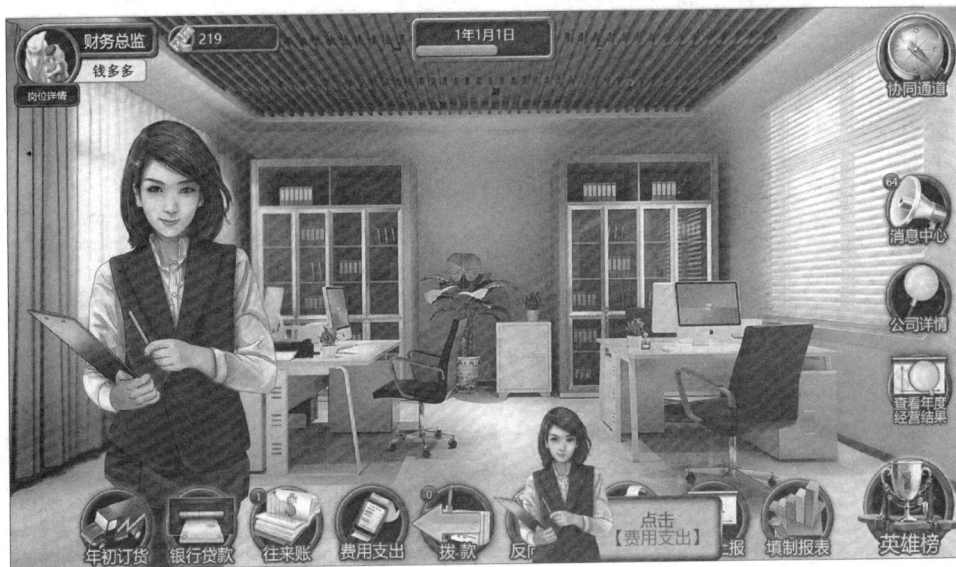

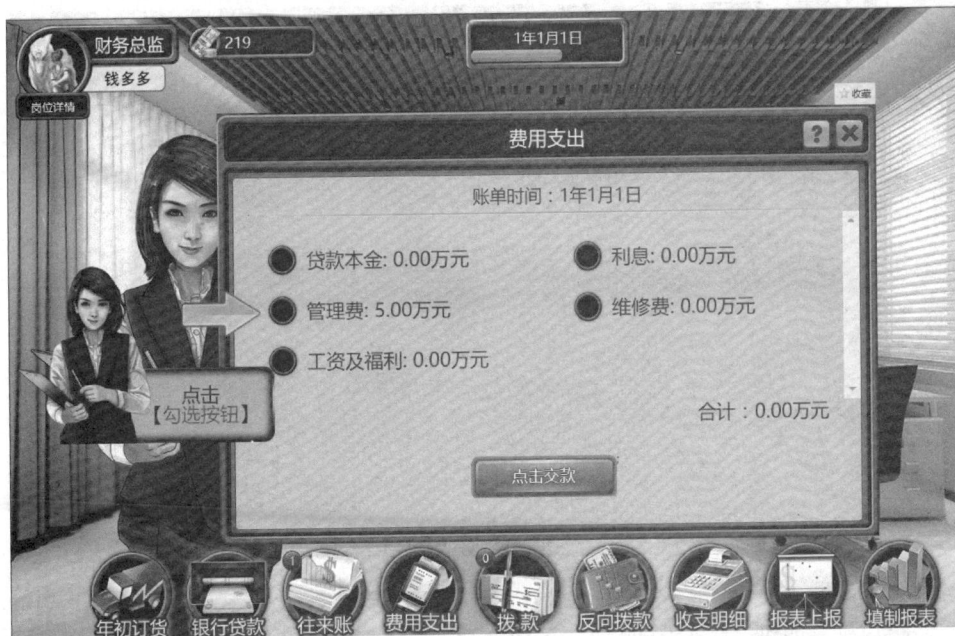

5. 往来账

应收款收现,需要进行手动收现操作,应收款贴现也在此进行操作。贴现将会收取贴现利息,不到万不得已,尽量不要贴现。

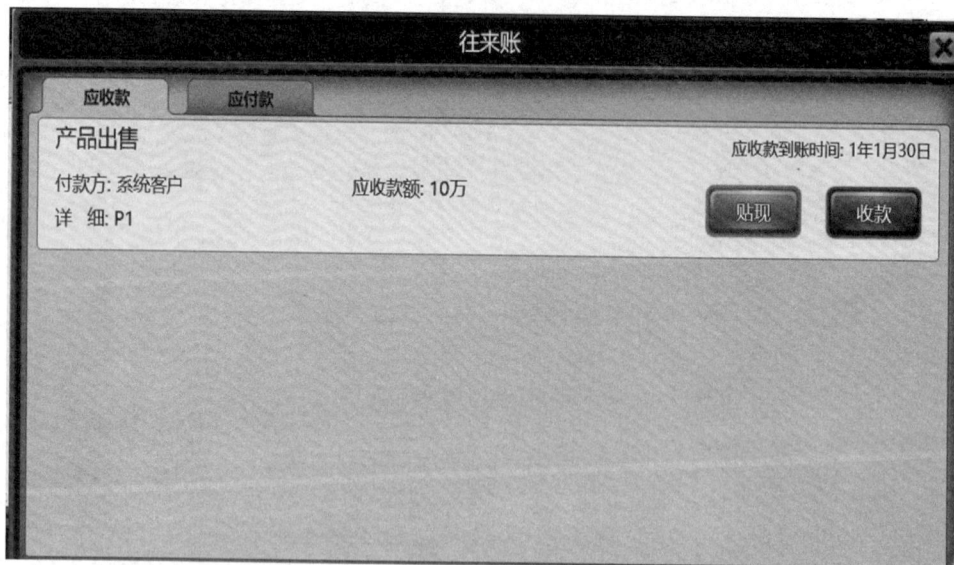

6. 收支明细

　　分为"收支明细"和"贷款明细",可以查看所有岗位的各项资金流向和贷款的时间、金额、利息等。

（1）收支明细。

收支日期	岗位	业务摘要	金额
1年1月1日	系统	支付所得税	1
1年4月1日	财务总监	支付管理费	5
1年3月30日	财务总监	支付管理费	5

（2）贷款明细。

贷款类	贷款量	起贷时间	到期时间	利息	利息违约金	还款违约金
长贷	200	0年12月30日	2年11月21日	20	2	20

6.3.3　生产总监

1. 建线

根据生产不同产品的技术含量不同，生产线有三种类型，不同类型的生产线各方面的性能和参数也有所不同。企业可以根据需要，选择合适的生产线来组织产品生产。"建线"，通过"厂房"进行。

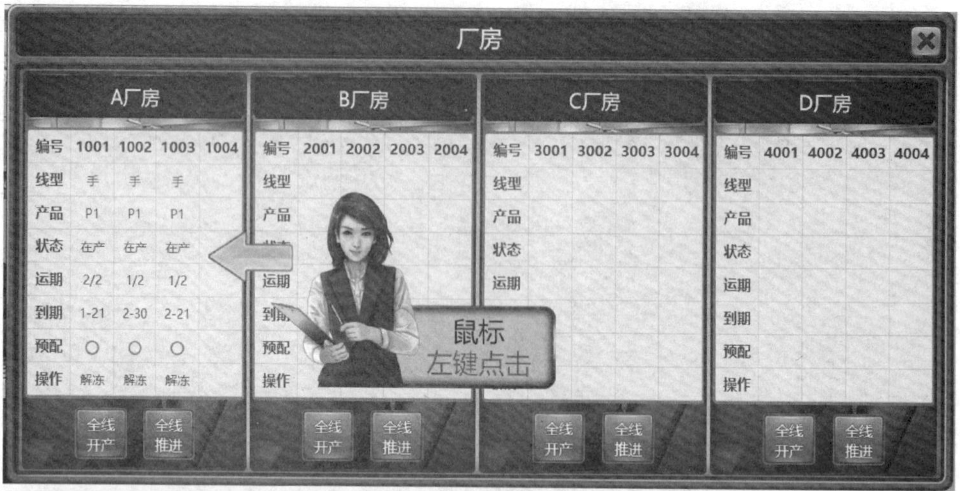
厂房
A厂房
B厂房
C厂房
D厂房
编号 1001 1002 1003 1004
线型 手 手 手
产品 P1 P1 P1
状态 在产 在产 在产
运期 2/2 1/2 1/2
到期 1-21 2-30 2-21
预配
操作 解冻 解冻 解冻
编号 2001 2002 2003 2004
编号 3001 3002 3003 3004
编号 4001 4002 4003 4004
鼠标
左键点击
全线开产
全线推进

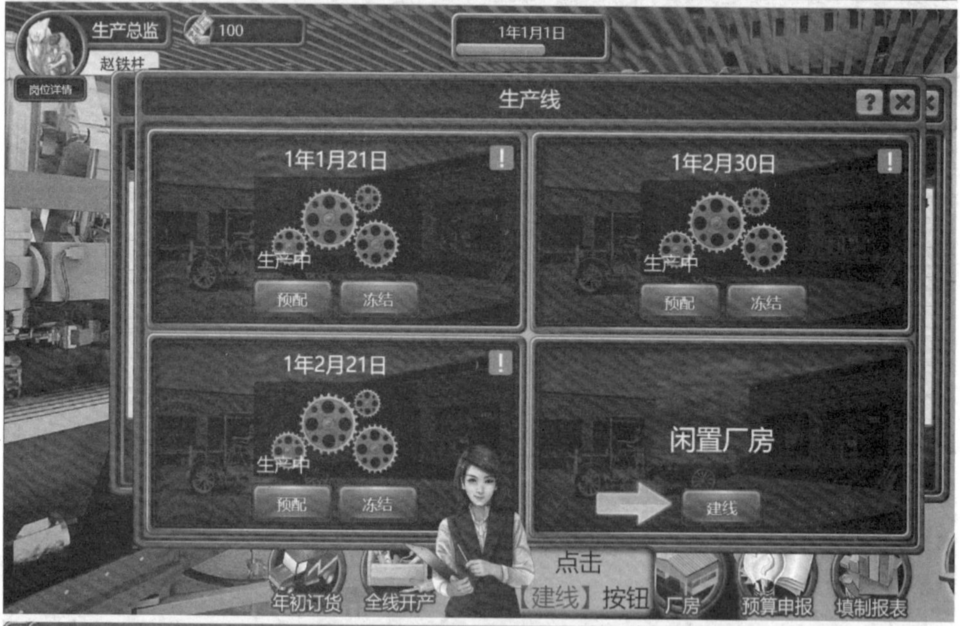
生产总监
赵铁柱
岗位详情
100
1年1月1日
生产线
1年1月21日
1年2月30日
1年2月21日
生产中
预配
冻结
闲置厂房
建线
点击
【建线】按钮
年初订货
全线开产
厂房
预算申报
填制报表

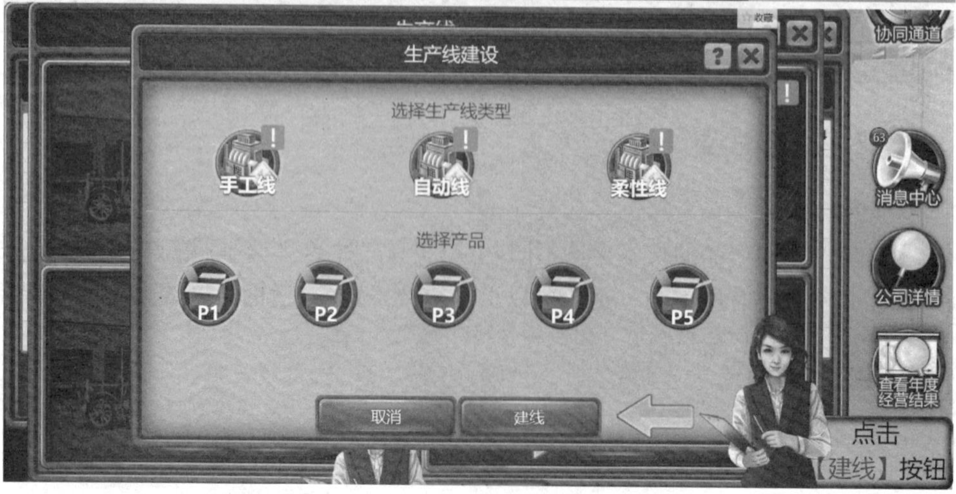
生产线建设
选择生产线类型
手工线
自动线
柔性线
选择产品
P1
P2
P3
P4
P5
取消
建线
点击
【建线】按钮
协同通道
消息中心
公司详情
查看年度经营结果

2. 生产明细

通过"生产明细"可以直观了解所有厂房每条生产线当下的情况，如生产状态(在产、在建、停产、技改)，生产产品种类，在制品成本，生产线建成日期等。

生产线	线型	产品	状态	状态期	到期日期	在制品成本	建成日期	当前净值	当前生产速度
1001	手工线	P1	在产	2/2	1-21	20	0-9-5	45	90
1002	手工线	P1	在产	1/2	2-30	20	0-3-5	42.5	90
1003	手工线	P1	在产	1/2	2-21	20	0-11-27	35	90
1004			空闲						
2001			空闲						
2002			空闲						
2003			空闲						
2004			空闲						
3001			空闲						

3. 全线推进

当生产线处于在建、技改、转产、生产周期推进(即手工线第 1 期推进到第 2 期)时间到期后，可以进行"全线推进"操作，进入下一个阶段。

4. 生产线预配

对生产线预配原材料和工人，当开始生产后就可以进行下一次预配，不用等到产品下线。

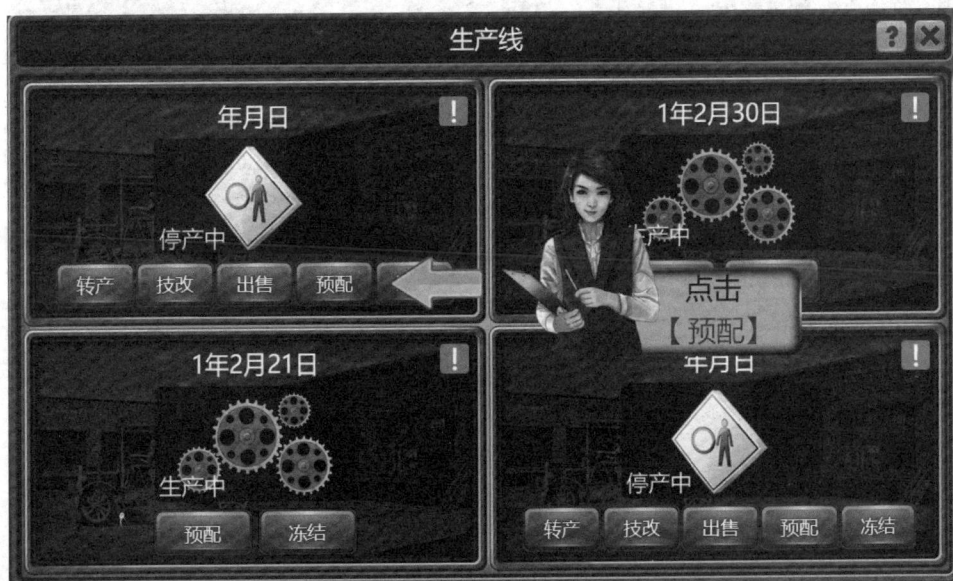

注意：预配后跨年没有生产，原材料和工人将会在年末自动清空。

5. 转产

将原先生产线所生产的产品类型进行更换。

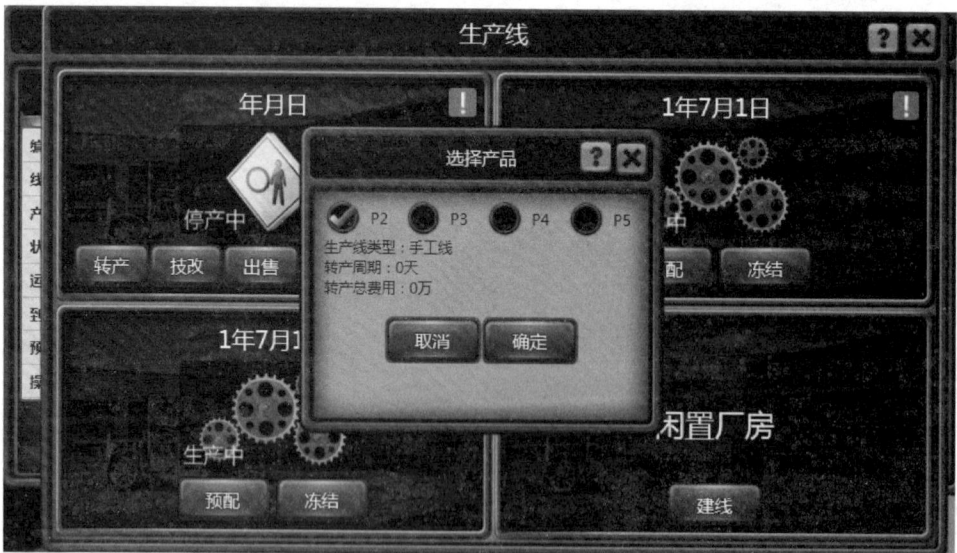

注意：只有当生产线处于停产状态才可以进行"转产"操作。

6. 技改

通过技术提升缩短当前生产线的生产周期。

注意:技改效果是永久的;只有当生产线处于停产状态才可以进行"技改"操作;技改次数有限,不能无限制缩短生产周期。

7. 全线开产

将停产或者待产状态的生产线进行生产操作。

注意:开产条件是生产线必须为预配后的待产状态,生产总监有资金进行支付加工费。

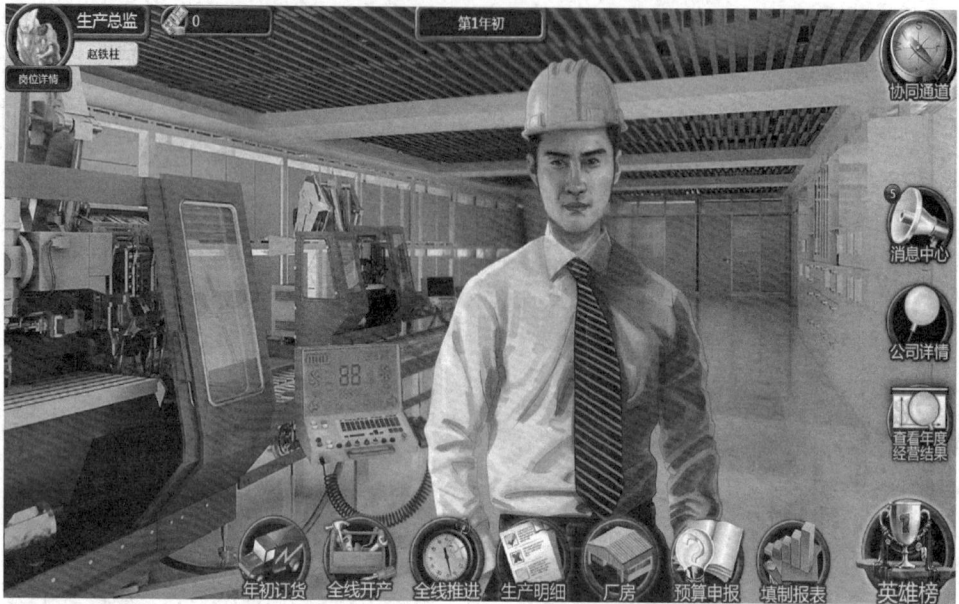

6.3.4 采购总监

1. 订购原材料

　　注意：供应量为当前市场所有组数供应量，按年刷新；原材料有保质期，过期后由系统自动收回。

　　2. 仓库订单

　　用来查看原材料库存和原材料订单。

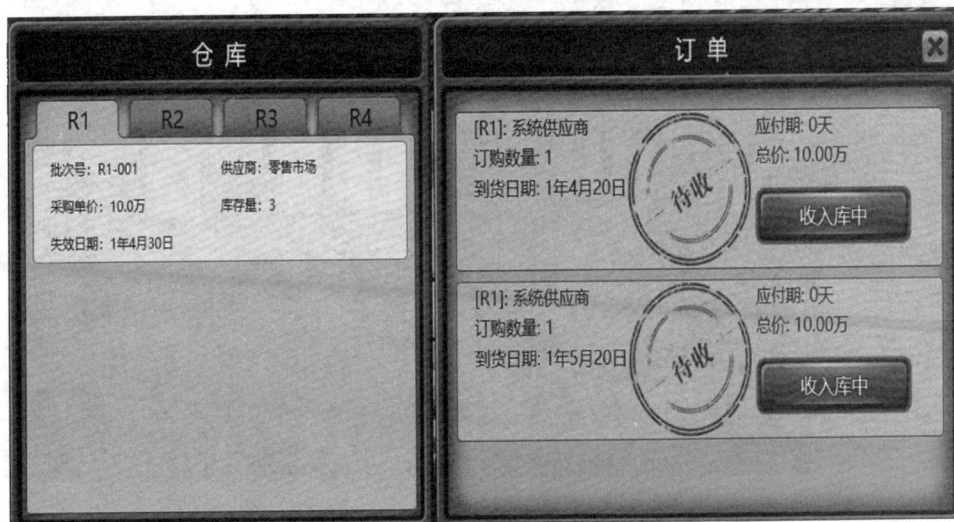

　　3. 现货交易市场

　　即紧急采购原材料、出售原材料和紧急采购成品、出售产成品。

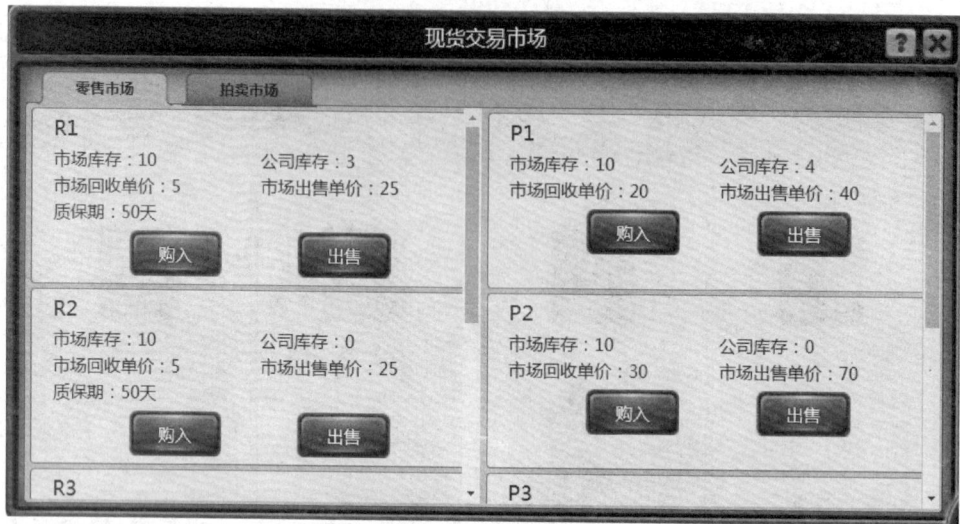

注意：原材料的购入和出售操作所花资金为采购总监，产品的购入和出售操作所花资金为销售总监。

6.3.5 销售总监

1. 仓库订单

用来查看产品的库存和详细订单以及进行交货的操作。

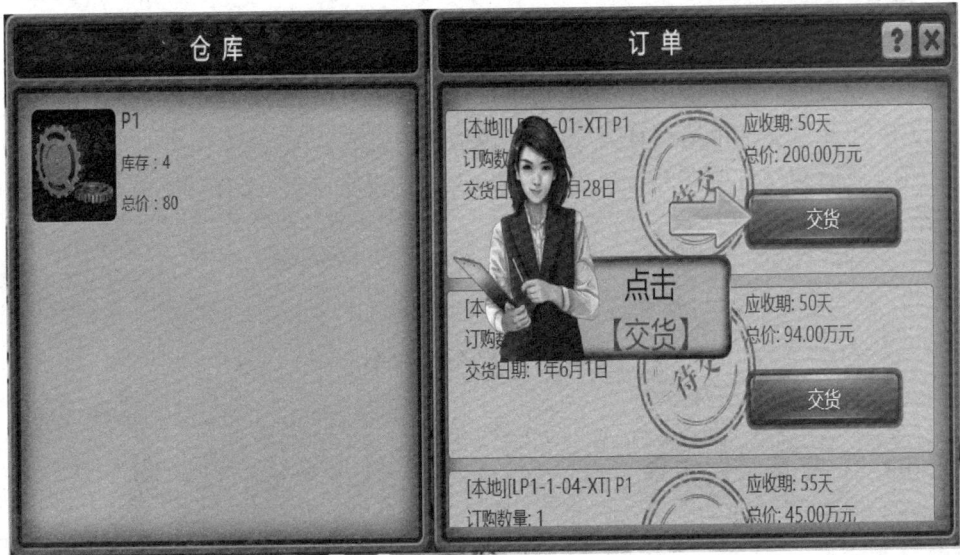

注意：订单交货分为五种情况"待交""完成""违约未完成""违约已交"和"违约取消"。

2. 代工厂

注意：代工厂生产不需要原材料、资质和工人，只需要在收货时交付代工费即可；代工厂数量为当前市场所有组可用数量，即 1 组已代工 12 个 P2，则 2 组 P2 代工数量为 0；代工厂数量每个季度 1 号会自动刷新，即 1 月 1 日、4 月 1 日、7 月 1 日、10 月 1 日；收货扣款资金来源于"生产总监"账户。

3. 临时交易市场

临时交易市场中出现的订单来源于被取消（过了交货容忍期仍未交货）的年初订货订单。

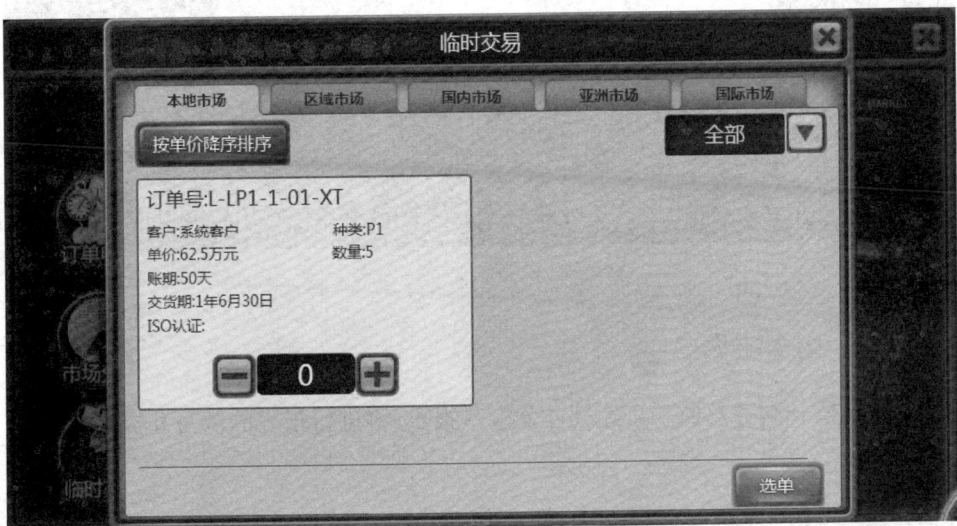

注意:

(1) 临时交易市场只有"销售总监"进行选单操作。

(2) 获得临时交易市场订单,公司要具备该订单市场的市场资质。

(3) 本年度在该市场没有交货违约(包括违约完成状况)。

(4) 临时交易订单有 ISO 9000 或 ISO 14000 资质要求,没有资质的公司不能获取该订单。

6.4　年末经营

6.4.1　年度经营结果

"总经理办公室""财务总监办公室""采购总监办公室""销售总监办公室",点击"查看年度经营结果"即可查看。当前场地所有组的利润、权益和分数以及对应的排名均会展现。

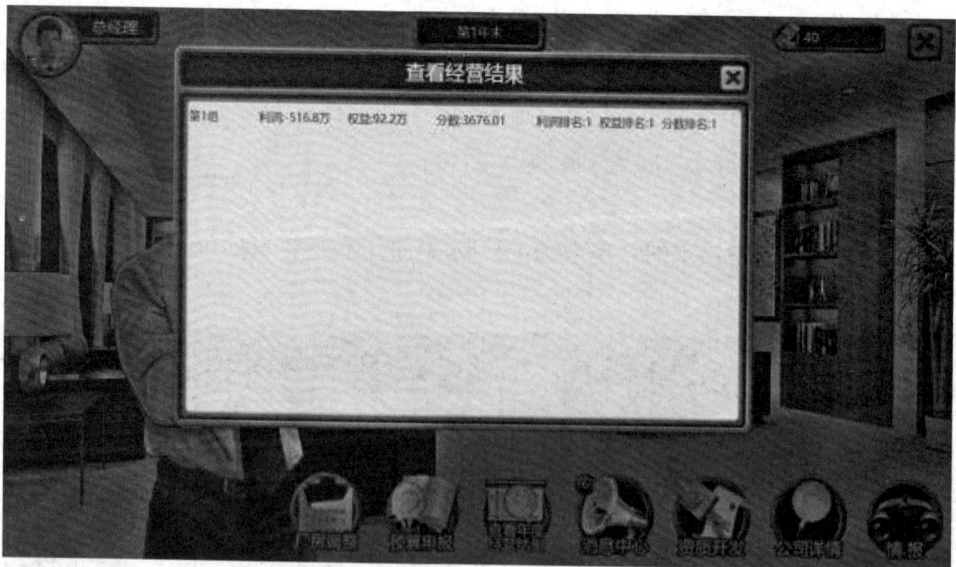

6.4.2　财务报表

年末阶段→财务总监和总经理办公室→报表,将进行报表的填写和提交。

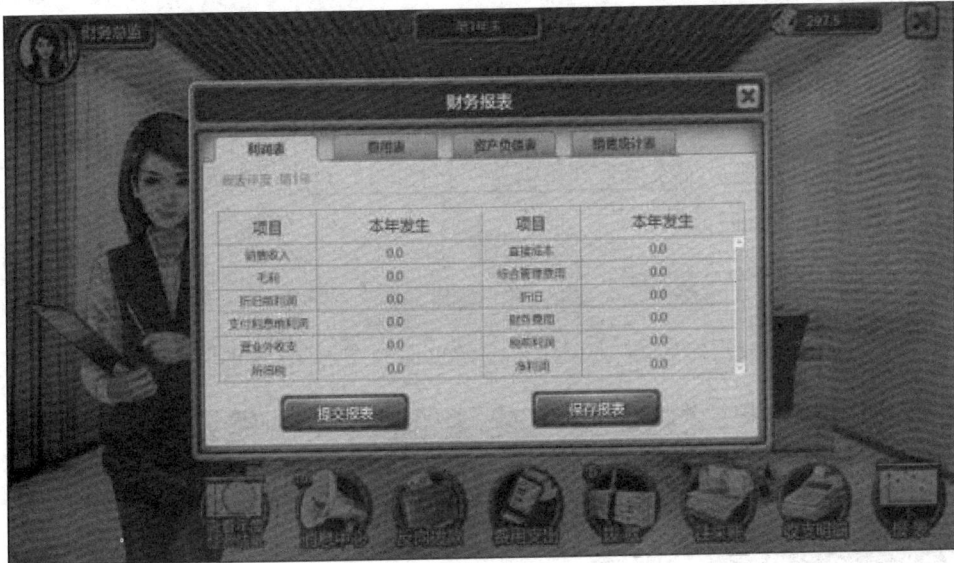

6.5　教师比赛设置

6.5.1　俱乐部创建

1. 创建入口

选择"发现"选项。

选择右侧"创建俱乐部"。

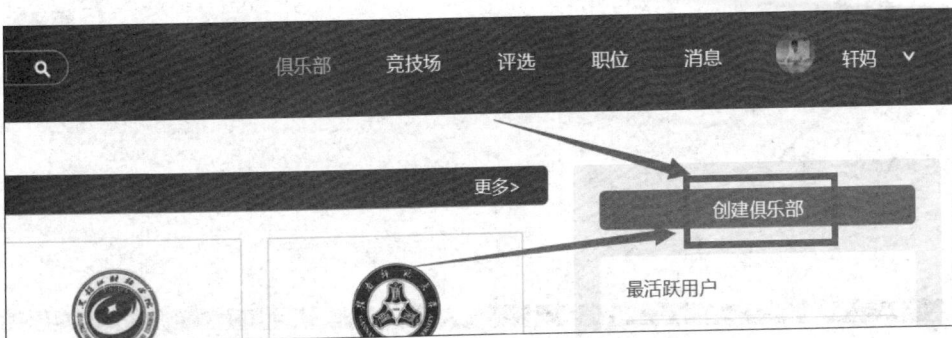

2. 填写信息

(1) 俱乐部类型选择非官方。

(2) 会员加入方式。

"申请"即其他成员加入所建立的俱乐部,需要先进行申请,待会长同意,方可加入。

"公开"即其他成员加入俱乐部不需要向会长申请,可直接进入。

注意:俱乐部名称一旦确定,不能修改。

6.5.2 发布比赛入口

(1) 完成俱乐部构建后,点击俱乐部头像页面的左下角"管理"。

(2) 选择运营管理→擂台管理→发布比赛。

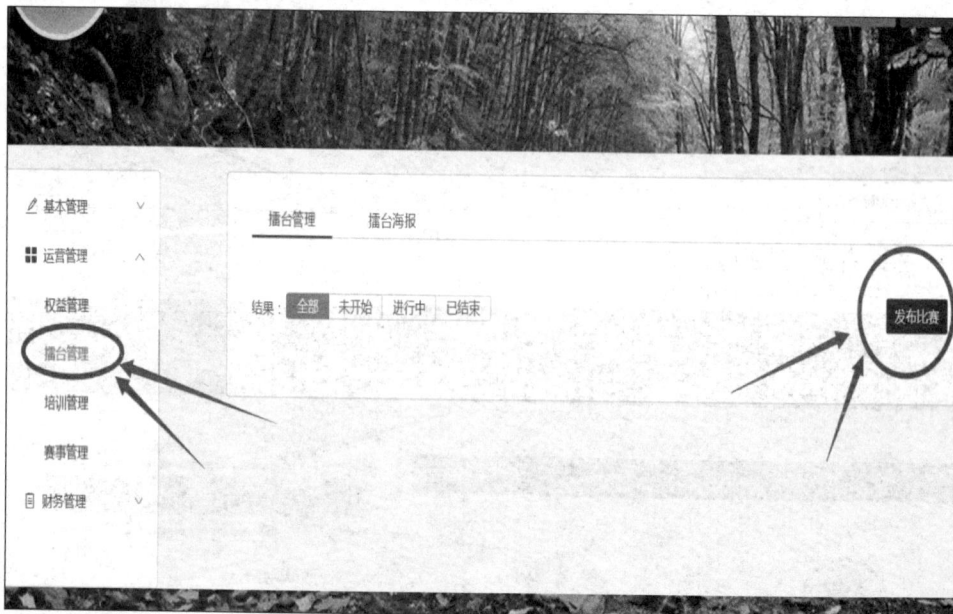

（3）点击"发布比赛"之后，按照系统提示要求分别设置比赛规则和时间。

　　"队长指派"指的是设置比赛人员（会长），对每一组参赛选手进行指定队长，队长固定。
　　"自由加入"指选手不需要经过会长指定，想参与比赛的选手随意加入即可。

（4）设置比赛时间。

（5）指派每组参赛队长（若选择"自由加入"则无此步骤）。

保存，完成全部设置。

注意：一旦比赛开始，未加入比赛的选手，将无法参与比赛，所以设置好的参数不能更改，比赛过程中没有暂停，没有还原，没有补单。

6.6　规则详细讲解说明

6.6.1　市场资质规则

序号	规则名称	每年投资额（万元）	本地市场准入时间（年）	区域市场准入时间（年）	国内市场准入时间（年）	亚洲市场准入时间（年）	国际市场准入时间（年）	ISO 9000准入时间（年）	ISO 14000准入时间（年）
1	市场资质	10	1	1	2	3	4	2	3

（1）准入年份从投资开始后满一年，即投资的第二年才算开发一年。

（2）投资时间为每年的年初，即本年年初投资，下年年初才能完成本期投资。

6.6.2　产品 BOM 规则

序号	产品标识	R1数量	R2数量	R3数量	R4数量	P1数量	P2数量	P3数量	P4数量
1	P1	1	0	0	0	0	0	0	0
2	P2	1	1	0	0	0	0	0	0
3	P3	0	2	1	0	0	0	0	0
4	P4	0	1	1	2	0	0	0	0
5	P5	0	0	2	1	0	1	0	0

注意：产品 BOM（Bill Of Material）是产品原材料组件数量构成。

6.6.3　产品资质规则

序　号	产品标识	投资期	每期投资额（万元）	单期天数（天）
1	P1	1	10	60
2	P2	3	10	60
3	P3	4	10	60
4	P4	5	10	60
5	P5	6	10	60

（1）获得产品资质后才能进行生产，否则不能开产。

（2）投资过程：开始投资一期，扣除现金，经过"单期天数"的过程，第一期投资完成,完成后的一天(即到期后的第二天)才可以"推进"进行第二期投资。

(3) 最后一期投资后,需要再等待一个"单期天数",到期后的第二天,系统自动发。

6.6.4 厂房使用规则

序号	厂房标识	生产线容量	购买价格	每年租金	出售账期	折旧时限	租金滞纳	违约金比例	违约容忍期限	OID减数1	OID减数2
1	A	4	200	40	120	0	0	0.1	30	0.1	0.1
2	B	4	200	40	120	0	0	0.1	30	0.1	0.1
3	C	4	200	40	120	0	0	0.1	30	0.1	0.1
4	D	4	200	40	120	0	0	0.1	30	0.1	0.1

(1) 厂房租用以一年为期,每年支付租金,租用开始日期是支付租金日期,下一年到期前,必须支付下一年的租金,否则违约。

(2) 租金支付容忍期内支付厂房租金时,必须连同违约金一起支付,并扣减使所有市场的 OID(OID 减值 1)。

(3) 如果过了容忍期仍未支付租金,系统将强制扣除租金及违约金,并扣减所有市场的 OID(OID 减值 1 和 OID 减值 2)。

6.6.5 生产线使用规则

序号	生产线标识	安装单期投资额	安装周期	安装单期数	生产周期	生产单期天数	残值	技改周期	技改单期天数	技改单期价格	技改提升比例
1	手工线	50	0	0	2	90	5	1	20	20	0.1
2	自动线	50	3	60	1	90	15	1	20	20	0.1
3	柔性线	50	4	90	1	90	20	1	20	20	0.1

转产周期	转产单期天数	转产单期价格	折旧周期	维修费	操作工人总数	必有初级以上人数	必有中级以上人数	必有高级以上人数	技改次数上限	折旧年限
0	0	0	360	5	3	0	0	0	2	6
2	15	20	360	15	2	0	1	0	1	6
0	0	0	360	20	2	0	0	1	1	6

(1) 生产线购买总投资额:安装周期×单期投资额。

(2) 生产线开始投资建线时,需要确定改生产线生产的产品,当生产线建成之后,如果没有获得产品的生产资质,则不能上线开工生产。

(3) 安装单期完成时间:单期投资支付日期开始计算,经过"安装单期时间"后的日期。

（4）安装到期后，需要人工操作"推进"启动下一期投资，最后一期到期后，也需要人工操作"推进"到建成状态。

（5）技改：仅对安装完成的生产线所进行的减少生产单期天数的操作。

（6）每次能减少生产周期的天数：初始的"生产单期天数"×技改提升比例，即技改后的生产单期天数＝90－（90×0.1）＝81 天。

（7）生产线进行技改的最大次数：生产线可以进行技改的最大次数。

（8）生产线的"操作工人总数"：生产线生产过程必须有规定的工人数量。

（9）生产线"必有"操作工：生产线操作人员中必须有的级别人数，上一级别的操作工，可以代替之，但低级别的操作工不能替代。

（10）生产线建成之日起 1 年后（360 天）开始提取折旧，折旧操作每年一次，日期为每年的建成日期，折旧公式：

$$折旧＝（生产线总价值－生产线残值）÷折旧年限$$

（11）生产线建成之日起 1 年后（360 天）开始支付维修费，维修费每年支付一次，日期为每年的建成日期。

6.6.6　贷款规则

序号	贷款类型	额度计算倍数	还款方式	利息违约容忍期（天）	还款违约容忍期（天）	利息违约金比例	还款违约金比例
1	长贷	3	每年付息到期还本	30	25	0.1	0.1
2	短贷	3	到期还本付息	30	25	0.1	0.1

OID 减数 1（利息违约）	OID 减数 2（利息违约）	OID 减数 1（还款违约）	OID 减数 2（还款违约）
0.1	0.2	0.1	0.2
0.1	0.2	0.1	0.2

（1）贷款额度计算基数：上年权益。

（2）本年可贷款额度：上年权益×额度计算倍数。

（3）额度内的贷款类型可以自主组合，既可以贷长贷，也可以贷短贷。

（4）贷款时间：各年正常经营的任何日期（不包括"年初"和"年末"）。

（5）还款和支付利息都有容忍期，即允许超过还款和支付利息正常时间的天数，但要缴纳违约金和对所有市场的 OID 减除 OID 减值 1。

（6）超过容忍期仍然没有执行还款和利息操作时，则强制执行，即强制扣除"本金＋违约金"，并对所有市场的 OID 减 OID 减数 1 和 OID 减数 2。

6.6.7 原料订购规则

序号	供应商标识	原料标识	单价	当前数量	质保期（天）	交货期（天）	违约金比例	违约容忍期（天）	OID减数1	OID减数2
1	系统供应商	R1	10	1000	300	50	0.1	30	0.1	0.1
2	系统供应商	R2	10	900	300	50	0.1	30	0.1	0.1
3	系统供应商	R3	10	800	300	100	0.1	30	0.1	0.1
4	系统供应商	R4	10	700	300	100	0.1	30	0.1	0.1

（1）原材料有限供应，每季度都会有原材料供应。

（2）原材料供货需提前预订，预订不需要预付费用。

（3）从原材料订货订单下达之日开始，根据"交货期"确定为收货日期，到收货日期时，方能收货。

（4）到时不收货，则进入违约容忍期，容忍期内，仍然可以收货，但需要缴纳违约金，即支付货款收货之外，还需要根据违约金比例，缴纳违约金；并计违约错误一次，扣减所有市场的 OID（OID 减数 1）。

（5）如果过了违约容忍期仍然不收货，系统强制取消订单，强制扣除违约金，并计违约错误一次，扣减各市场的 OID（扣减减数 1 和减数 2 两项）。

（6）原材料的质保期从到货日开始计算；在质保期内，原材料可以上线生产，或有条件的销售（据质保期到期 30 天以上的原材料可以销售）。

（7）原材料过期后，系统强制处置原材料，清楚过期原材料库存，原材料价值的损失计入营业外支出项。

（8）原材料供应市场的订单各年不同，上表列出的订单仅作为实例供参赛队参考。

6.6.8 广告和企业知名度规则

序号	规则名称	本年战略广告效应（权重0.6）	去年战略广告效应（权重0.3）	前年战略广告效应（权重0.1）	年初促销广告（当期有效）	市场客户满意度（OID）	知名度
1	本地市场知名度					10	
2	区域市场知名度					10	
3	国内市场知名度					10	
4	亚洲市场知名度			*		10	
5	国际市场知名度					10	

（1）战略广告对知名度有延续 3 年的影响，即投放的广告参与各年（3 年）知名度计算。

（2）战略广告分市场投放。

（3）战略广告在经营期间任何时间都可以投放。

（4）促销广告只有在年初订货会申请订单前，才能分市场投放，而且仅投放当年订货会期间有效影响企业知名度。

6.6.9　年初销售订货规则

序号	促销阶段	第1次订单申请	第2次订单申请
1	促销广告投放，提升企业知名度排名	1. 第1次提交各市场各产品订单的产品数量； 2. 在规定时间内可以多次提交申请，以最后一次提交的为准； 3. 提交截止时间系统自动根据提交申请的企业知名度排名自动分配订单，并公布分配结果	1. 公司二次提交剩余订单的申请。 2. 在规定的时间内可多次提交订单申请数量，以最后一次提交的订单产品申请数量为准。 3. 提交截止时间，系统自动按照企业申请企业的知名度排名分配订单。公布结果，订货会结束

6.6.10　产品交货规则

序号	市　场	订单违约金比例	违约容忍期限（天）	OID减数1	OID减数2
1	本地	0.2	30	0.3	0.1
2	区域	0.2	30	0.3	0.1
3	国内	0.2	30	0.3	0.1
4	亚洲	0.2	30	0.3	0.1
5	国际	0.2	30	0.3	0.1
6	原料零售	0.25	30	0.3	0.1
7	产品零售	0.25	30	0.3	0.1

（1）订单必须在订单规定的交货日期前交货。

（2）必须按照订单规定的数量交货。

（3）规定的交货期不能交货，可在容忍期内交货，但销售额将扣减违约金，同时订单市场的 OID 扣减减数 1。

（4）如果容忍期内也不能交货，订单将被取消，同时强制扣除违约金，同时，订单市场的 OID 被扣减减值 1 和减值 2。

6.6.11　生产人员规则

（1）人员仅为生产线操作人员。

（2）人员级别与生产线要求相一致。

（3）当前版本的无基本工资，只计计件工资。

（4）工资数额单位均为万元。

序号	人员标识	第0年基本工资	第1年基本工资	第2年基本工资	第3年基本工资	第4年基本工资	第5年基本工资	第6年基本工资	第0年计件工资	第1年计件工资	第2年计件工资	第3年计件工资	第4年计件工资	第5年计件工资	第6年计件工资
1	初级工	0	0	0	0	0	0	0	4	4	4	4	4	4	4
2	中级工	0	0	0	0	0	0	0	5	5	5	5	5	5	5
3	高级工	0	0	0	0	0	0	0	6	6	6	6	6	6	6

6.6.12 生产预配规则

（1）生产开工条件：生产线上线生产时需要根据生产线类型配置操作工人，根据产品配置原材料，只有人员和原材料都配置到位，才能上线生产。

（2）与配置就是预先将产品开工生产所需的操作工人和原材料放置在生产线的待产区，一旦生产线可以开工生产，直接上线。

（3）生产线必须从待产区取得原材料和工人，故生产开工前必须进行生产预配。

（4）预配可以在年中经营4季运行的任何时间进行，不受生产线状态的限制（即可以在生产线投资建设、生产、转产、技改等状态时预配）。

（5）预配成功后，原材料将被移入待产区，库存将减少，操作工将被设置为待产状态。

（6）每年年底，所有生产线的待产区将被清空。

6.6.13 现货交易市场销售及采购规则

序号	商品标识	当前控可售数量	市场出售单价（万元）	市场收购单价（万元）	出售质保期（天）	交货期（天）	年份
1	R1	10	25	5	50	0	1
2	R2	10	25	5	50	0	1
3	R3	10	25	5	50	0	1
4	R4	10	25	5	50	0	1
5	P1	10	40	20	0	0	1
6	P2	10	70	30	0	0	1
7	P3	10	90	40	0	0	1
8	P4	10	100	50	0	0	1

（1）现货交易市场按年份供应原材料和产品，数量价格各年不同，上表列出的订单仅作为实例供参赛队参考。

（2）公司在现货市场采购原材料和产品的价格是"市场出售单价"，现金交易，成交后，零售市场的数量减少。

（3）公司在现货市场出售原材料和产品的价格是"市场收购单价"，交易资金直接计入公司 0 账期应收款。

（4）公司出售给现货市场的原材料和产品成交后，增加当期的现货市场原材料或产品的库存量。

（5）公司出售给现货市场的原材料，必须是保质期在 30 天以上的原材料，即出售日距"原料失效日"必须大于 30 天。系统自动按照先进先出的原则和质保期大于 30 天的原则，出库公司原材料。如果原材料库存不足，交易失败，并按违约处理。

6.6.14　代工厂委托加工规则

序号	代工厂标识	产品标识	代工单价（含材料费）	交货期（天）	承接数量（件）	违约金比例	违约容忍期限（天）	OID减数1	OID减数2
1	系统代工厂	P2	60	30	12	0.2	20	0.2	0.1
2	系统代工厂	P3	70	35	8	0.2	20	0.2	0.1
3	系统代工厂	P4	90	40	6	0.2	20	0.2	0.1
4	系统代工厂	P5	103	45	4	0.2	20	0.2	0.1

（1）代加工产量不同时间段有限供应。

（2）交货期从下单日开始计算。

（3）收货付现金才能完成交易。

（4）收货日后，没有完成收货（含不能支付加工款），即成为违约状态。

（5）违约期内收货，除支付加工费外，还需要支付违约金，各市场的客户满意度（OID）均被减值 1。

（6）违约期后，没有完成收货的订单被强制取消，并强制扣除违约金（加工费本金不扣），各市场的 OID 均被减值 1 和减值 2。

6.6.15　OID 增值规则

序号	OID 增值类型	范围类型	增值类型	增值
1	交货无违约	单一市场	常量	0.2
2	市场份额	单一市场	计算	0
3	贷款无违约	全部市场	常量	0.1
4	付款收货无违约	全部市场	常量	0.1

（1）OID 增值计算每年进行一次，增值数加入当前的 OID 总值中。

（2）OID 增值有两种，一是对单一市场，二是对所有市场。

（3）市场份额增值是当年完成交货的市场订单销售总额/该市场全部公司的销售总额。其中，销售总额仅是年初订货会的订单，不包括零售市场、拍卖市场的销售。

（4）贷款无违约，付款收货无违约产生的 OID 增值，增加所有市场的 OID 总值。

6.6.16　应交费用规则

序号	费用类型	计算基数类型	计算值（万元）	费用比例	扣减资源	计算时间	是否手工操作
1	管理费	固定常数	5	1	现金	每月 1 日	是
2	维修费	生产线原值	计算	0.1	现金	每月 1 日	是
3	折旧	（生产线原值－残值）÷折旧年限	计算	0	价值	每月 1 日	系统自动扣除
4	福利费	基本工资总额×费用比例	计算	0.1	现金	每月 1 日	是
5	所得税	（当年权益－纳税基数）×费用比例	计算	0.2	现金	每年年末	是
6	增值税	销售额×费用比例	计算	0.17	现金	每月 1 日	是（本版无）
7	附加税	增值税×费用比例	计算	0.05	现金	每月 1 日	是（本版无）

（1）各种费用的支付由系统自动计算，每月 1 日系统自动计算出该月应缴的费用，比如生产线的维修费，生产线的折旧（均按照建成满一年时进行操作）。

（2）上月未缴的费用，如果在本月仍在容忍期内时，将一并显示，如果有违约金，也一并显示在应支付的项目中。

（3）缴费操作可以在当月任何时间进行；只要选择了要支付的项目，该项目的所有费用必须全部支付，包括在容忍期内的违约费用。

（4）每年的 12 月，将对本年所有未缴费用进行清缴，即到 12 月 30 日前，对本月和上月未缴的过期费用均按容忍期外的强制扣除处理，当年费用当年结清。

6.6.17　缴费及强制扣费规则

序号	费用明细	是否扣减全部市场 OID	违约金比例	违约容忍期限（天）	OID 减数 1	OID 减数 2	是否记录失误
1	管理费	否	0	30	0	0	是
2	所得税	是	0.1	30	0.2	0	是
3	增值税	是	0.1	30	0.2	0	是

序号	费用明细	是否扣减全部市场 OID	违约金比例	违约容忍期限（天）	OID 减数 1	OID 减数 2	是否记录失误
4	折旧	否	0	30	0	0	是
5	维修费	否	0	30	0	0	是
6	基本工资	否	0	30	0	0	是
7	员工福利	否	0	30	0	0	是

（1）每月 1 日，系统自动计算当月应缴的费用。

（2）本月任何日期都可以选择费用项进行缴费（即本月内可以提前缴费）。

（3）规定缴费日期内未完成缴费操作，视为违约，在容忍期内，可以继续执行缴费操作，但要按照违约金比例缴纳违约金，并扣减客户满意度（OID 减值 1）。

（4）跨月的未缴费用项与下月费用项合并显示，该项目交款时，合并支付。

（5）如果超过容忍期仍未执行交付操作时，系统将自动扣除应缴费用本金和违约金，并扣减客户满意度 OID 减值 1 和 OID 减值 2。

6.6.18　贴现规则明细表

序　号	贴现费用率	贴现期（天数）
1	0.05	30
2	0.1	60
3	0.15	90
4	0.2	120

贴现期：贴现期的天数含本数值天，如"30 天"含 30 天以内的贴现率。

6.6.19　情报规则表

序号	规则名称	价格（万元）	跟踪时间（天）	跟踪企业数
1	情报规则	2	30	1

6.6.20　经营成果评分

队伍	当年利润	当年权益	经营评分
战队 1	当年利润表的"净利润"	当年资产负债表的"权益合计"	当年（OID 总值－操作错误率合计）×当年权益

每年经营结束，系统自动以排名表的形式测评经营成果。经营成果包括三个指标："当年净利""当年权益"和"经营评分"，并就这三个指标分别进行由高到低的排

名,一般可以选择"当前年权益"或"经营评分"作为训练或比赛的总成绩。

"当年净利"和"当年权益"由系统自动从当年的资产负债表提取;"经营评分"则是根据经营活动质量指标和当前权益进行综合计算而得,其计算公式为:

第×年的经营评分＝(当年 OID 总值－第 1 年操作失误率－第 2 年操作失误率－…－当年的操作失误率)×当年权益

其中:OID 总值是各市场的 OID 值的合计。

模块 7　策略总结

通过直观的 ERP 企业沙盘模型进行企业经营演练,每位成员直接参与企业的模拟经营,调动其主观能动性。要想在竞争中获胜,不但要熟练掌握每一项规则,而且在运营细节中,模拟企业各角色岗位还要学会一些技巧。

【任务目标】

◆ 了解企业战略和关键成功因素。

◆ 学会用战略的眼光看待企业的财务管理、企业运营和决策。

◆ 掌握模拟企业运营的技巧,并能够创新。

【任务提出】

一个成功的企业需要什么? 目标、理念、预算、决策、团队协作、经验、资金⋯⋯任何企业的持续运营都不是上述某一方面的独立作用,而是需要各方面的综合作用的。所谓天时、地利、人和,一个企业的成功离不开各方面的相互协调、相互配合、相互作用。

在 ERP 企业经营沙盘模拟中,参赛成员组建的企业经营团队在熟练掌握运营规则的同时,也要依据竞争姿态调整企业的部门设置和各角色岗位职能分工,针对竞赛盘面做到"以变制变"。

(1) 体验企业,体验企业管理流程,体验企业在竞争的环境下生存、发展的过程。

(2) 培养学生的企业经营的关键决策能力以及运用策略改进企业运营状况、创造价值的能力。

(3) 找到跟踪企业运行状况的"仪表盘":学生能够根据企业资源情况,进行有效分析,分析市场需求、科学制订物料采购计划、生产制造计划、物料需求计划、库存策略、市场竞争策略等,达到营销管理、生产管理、物流管理等技能的提升。

(4) 适时把握企业方向的"驾驶技能":锻炼提升学生分析与解决问题的能力、全局系统观念、专业团队协调精神、沟通精神、诚信品质。

7.1 角色职能攻略

总经理(CEO)：总揽全局，把握整体战略，能够在关键时刻做出抉择，成为团队信息交流的中心，协调各个角色职能。

销售总监(CMO)：在比赛之前的主要任务是分析市场，从给出的市场预测表和竞争对手的市场布局分析整理出最有利于本组的产品和市场组合，提供给总经理。

生产总监(CPO)：生产规模的决策，及时计算产能，提供销售总监下一年可产出的产品种类和数量。提供采购总监采购材料的品种、时间和数量。

采购总监(CSO)：根据企业产能和生产订单合理安排材料订购，以达到及时按量供应，无结余无缺口。根据团队情况还可以充当第二财务或者第二生产，帮助验证正确性。

财务总监(CFO)：做好公司每年的财务预算，填写当年的财务报表，优化长、短期贷款和贴现。及时提供总经理本公司当年权益、下年预计权益、本年最高广告投放额度和财务预警。结合销售总监提供的信息，分析各竞争对手的下年预计权益和策略。

7.2 总经理操作攻略

总经理作为一个企业的核心人物，必须对企业的各个方面状况了如指掌，比如财务、生产，特别是市场。在决策阶段，各个总监在企业经营管理上出现意见分歧，无法统一时，总经理就要发挥自己作为领导的职能，根据自己对综合信息的判断做出决定，以免争论时间过长而导致超过时限。总经理需要与各个总监及时进行数据核对，做到输入的零失误。可以说，总经理参与到任何一个环节中，一方面运筹帷幄，把握企业的发展方向；另一方面还要作为队员之间沟通协作的桥梁，把每个人有机地结合起来，使之成为一个团队。

7.2.1 总经理主要职责

1. 研究

(1) 研究规则，吃透规则，预测市场。

企业的决策全部都要在规则限制下制订，因此总经理首先要把规则吃透，然后研究市场，抓住市场的需求。比如企业生产经营 6 年，生产线和产品该如何选择等。

(2) 研究竞争对手。

利用间谍及年末机会弄清对手的发展状况，有针对性地制订对策。

2. 分析

（1）产品。

产品专业化（选好主打产品）：选择毛利比较高的产品，可以做到重点生产某个品种的产品或者只生产某个品种的产品。

（2）市场。

市场专业化（集中化）：主打某种产品，依据每年市场容量的大小集中选择一个或几个大的市场，做好产品、市场、时间的三维坐标体系。选定某重要市场，做好市场老大，也是比赛中较稳妥的好方法。

市场全面化（开发市场全面）：可以选择多个市场或所有市场，但是同样需要先做好产品、市场、时间的三维坐标体系。分散投放广告，降低风险，取得很好的利润。

（3）融资渠道。

贷款分为长期贷款和短期贷款。贷款的时间、贷款的数量、贷款的类型的选择会影响公司的效益。通常长期贷款用于生产线投资、产品研发等；短期贷款用于维持生产和生产周转。

贴现：做好财务预算，尽量做到不贴现。贴现的费用很高，而且应收款的问题会导致恶性循环。

（4）生产线的安置。

开局根据市场来确定生产，再根据生产总监的生产作业安排和财务总监的财务预算来决定如何安放生产线。

7.2.2　总经理战略制订

在制订战略之前需要完成战略准备，总经理提前和其他总监讨论沟通。市场分析是最重要的环节，所有的策略、方案都是根据市场需求来制订的。企业自身的发展目的是满足市场需求，是市场决定方案，而不是方案决定市场，所以准确、全方位地分析市场才是方案制胜的关键。

总经理配合其他总监分析市场，通常通过量、价、时、空4个要素来全方位分析。

1. 量——市场需求量

市场需求量决定了企业的产品能否销售出去，所以要学会根据市场需求来变化产品组合。

2. 价——销售价格

产品的销售价格会影响产品利润。产品的销售价格决定了产品的毛利。所以，在制订营销方案中，必须对每种产品在每个市场上的利润进行准确分析。要有目的性地投放广告，以获得大量销售额，从而获得更大的利润。

3. 时——产品出现的时间

企业经营沙盘运营的6年里，每一种产品在6年里的价格走势是不断变化的，所以要准确地抓住产品价格的特性走势。

4. 空——产品空白区域

必须学会分析预测市场的空白区域——无人竞争或竞争不激烈的区域。通过市场分析，大家很容易发现某产品的价格高、需求量大，但是该产品不会成为市场的空白区域。如果要精准预测市场空白区域，就要学会逆向思维。在制订营销计划时，建议企业必须有针对市场空白区域的辅助产品。这样企业可以做到产品零积压、材料库存零积压。无不良库存占用资金，无打折处理产品和原材料导致损失利润，为企业后续发展打下基础。

7.2.3 总经理常见战术

1. 广告攻略

(1) 力压群雄——霸王策略。

压制型，顾名思义，压制竞争对手，从第一年起，就最大限度地利用权益贷款，抢夺本地市场最大销售额。利用长期贷款和短期贷款快速大量融资，快速增加高产能生产线并同时研发高科技产品。采取压制性的广告投入在每一个市场获取大量订单。

此团队要敢于破釜沉舟，谨小慎微者慎用。该策略劣势在于如果资金或者广告在某一环节出现失误，企业会陷于十分艰难的处境，而且前期的高投入会给企业带来很大的还款压力，可能导致企业破产。压制型战术要敢于冒风险，短期贷款和长期贷款同时运用为的就是获得大量资金，使"高广告费＋高科技研发＋高市场份额＋高产能生产线"的模式能够最快成型。该策略适合自身实力雄厚、竞争对手实力弱的环境下使用。

(2) "见风使舵"——渔翁策略。

采取跟随型策略的企业通常是先保证前几年运营不破产，等待竞争对手这几年激烈竞争带来的机会。用跟随型策略的企业一般不会破产，也不容易拿到第一。跟随型策略要求企业首先在产能上要努力跟随前一二名的发展节奏，同时在内部努力降低成本。在每次开拓新市场时均采用低广告策略，规避风险，稳健经营。在其他竞争对手两败俱伤时迅速占领市场。

跟随型策略实施的关键是：第一，要做到一个"稳"字，即经营过程中一切严格按计划执行。广告投入、产能扩大都是循序渐进，稳扎稳打，逐步实现；第二，要能够把握时机。因为时机稍纵即逝，对竞争态势和竞争对手的情况一定要认真仔细地分析。该策略适合在自身实力稍逊而竞争对手实力较强且竞争激烈的环境下使用。

(3) "见缝插针"——差异化策略。

在企业经营过程中，尽量避免广告费的投入同其他企业形成恶性竞争，而是配合自己的生产能力，主要在某些产品的空白市场或者竞争不是很激烈的市场投放广告，争取以最低的广告成本获取最多的有利订单，薄利多销，最终取胜。

采取保守型策略企业的目标是不破产。做法是企业通常在前几年通过不贷款、低广告费、低产能、低研发来保住企业的权益不下降。到后面开始全额贷款,购买厂房,研发所有产品,安装多条生产线,把综合分数做到最大化。该策略适合在自身实力相对较弱的环境下使用。

(4)"忍辱负重"——越王策略。

前期减少广告费投入,积聚力量扩大生产和产品研发。同时,由于期初广告费投入较少,可能权益过低,处于劣势地位。因此,在前两年不得不靠基础产品维持生计,度过危险期。在后几年突然推出新产品配以精确的高广告费策略,出其不意攻占对手的薄弱市场。此策略制胜的关键点在于广告运作,因为要采取精确广告策略,所以要仔细分析对手的情况,找到对手在市场中的薄弱环节,以最小的代价夺得市场减少成本。该策略适合在自身有一定实力但在前期因广告策略不佳获取订单量小或有意在前期避其锋芒的情况下使用。

2. 投资方略

企业筹资的目的是投资,投资是企业对所持有资金的一种运用,是企业创造财富的必要前提。企业经营的目的是盈利,利润主要来自销售收入。在 ERP 沙盘模拟对抗中,扩大销售收入就必须考虑三个因素——开拓新市场、研发新产品和提高产能,这三个方面都是要投资的。

(1) 资源运用符合"配称"原则。

资源"配称"可以有效避免资源浪费,使企业的整体绩效最大化。具体到 ERP 沙盘模拟对抗中,就是要求市场开拓、产品研发、生产线建设以及材料采购等环节要"配称",如产品研发与生产线建设应该同期完成,原材料入库与上线生产能够协调一致,产能扩张与市场开拓保持同步,投资需求与资金供给有效匹配等。

在 ERP 沙盘模拟对抗课程中,产供销脱节的现象比比皆是,这是很多模拟企业经营惨淡的根本原因。例如,有的小组开拓了广阔的市场,本应顺理成章地接到很多订单,却发现产能不足,即使生产线全力以赴也无法满足订单的要求;有的小组花费大量资金购置了自动线或柔性线,产能很高,但产品单一、市场狭小,导致产品积压和生产线闲置;有的小组营销、生产安排妥当,只等正常生产和交货即可有光明的前景,然而库存原材料又不够了,只能停工待料或者紧急采购,打乱了事先的部署。凡此种种,不一而足。

(2) 各种生产线的性价比。

① 手工线与自动线比较。

就买价、产能和年折旧费而言,三条手工线等于一条自动线。但是,三条手工线比一条自动线还要多占两个机位,这会大大限制企业产能的扩张。所以,自动线的性价比优于手工线。

② 自动线与柔性线比较。

柔性线与自动线各有千秋,柔性线的买价比自动线多50,柔性线的残值比自动线多5,所以总体来看,柔性线比自动线多支付现金。柔性线的优势在于转产,自动线转产要停工并支付转产费,权益减少。

（3）生产线建设策略。

① 生产线开始建设的最佳时点应该是保证产品研发与生产线建设投资同期完成。例如,P3 产品研发周期是 6 个季度,自动线安装周期是 3 个季度,如果第 1 年第 1 季开始研发 P3 产品,第 1 年第 4 季开始建设生产 P3 产品的自动线,那么第 2 年第 2 季 P3 产品研发与自动线生产线建设投资恰好同期完成,第 2 年第 3 季上线生产 P3 产品。

② 建设产能灵活的生产线。在 ERP 电子沙盘模拟经营第 1 年,由于竞争对手的情况不明朗,应尽量建设产能灵活的生产线,以便给第 2 年选单留有余地。如果企业第 2 年只接到 3 个 P3 产品的订单,那么,第 4 条自动线就可以延期投资,在第 2 年第 4 季完成投资,这条生产线第 2 年就不需要支付维修费。

（4）巧用手工线。

手工线有一个重要作用——救火队员。

在选单中,有时会遇到订单数量比实际产能多 1 个。如果接下这张订单,有两种方法解决燃眉之急:一是紧急采购 1 个产品,来弥补产能的不足;另一种方法就是利用手工线即买即用的特点,在厂房机位有空余的情况下,第 1 季度买 1 条手工线并投产,可以在第 4 季度产出 1 个产品,同时将手工线立即出售。当然,利用手工线救急还必须有满足上线生产的原材料,若原材料也需要紧急采购那就另当别论了。

（5）出售生产线的时机。

从权益的角度看,当生产线还剩一期折旧费未计提时,出售生产线是有利的。根据 ERP 沙盘模拟对抗规则"生产线按其残值出售,净值与残值之差计入损失项",当出售的生产线还剩一期折旧费未计提时,残值变为现金,最后一期折旧费转入了损失,但节省了维修费,提高了权益。

7.3 销售总监操作攻略

历年竞赛统计发现,有的参赛队总是在市场的需求量很小的时候采用了产能很大的生产线方案,相反在市场需求很大的时候却采用产能很小的生产线方案,需求与产能不匹配,结果不是每年年末有大量库存,就是因为产能跟不上市场而损失严重。所以,选择与市场最相符的方案是十分重要的。笔者认为,好的市场分析,一定是建立在吃透与之相匹配的规则的基础上的。

7.3.1 市场战略技巧

1. 分析企业的市场环境

首先要做的就是分析企业所处的环境情况,如政治、经济、文化、生活习惯等方面,这对企业在进入市场特别是进入国际市场显得尤为重要;其次对企业内部和外部环境分析,了解哪些因素会对企业未来活动产生影响。认清这些影响的性质——支持性的影响是企业的优势,妨碍性的影响是企业的劣势,知道如何对不同性质的内部环境因素采取措施,了解哪些外部因素随企业的未来发展而会产生影响。最后,企业还应进行竞争者情况进行分析,了解企业的竞争对手的基本情况。这样可以使企业在了解自身所处的环境情况下,做出正确的市场战略选择。

2. 对企业进行 SWOT 分析

企业必须寻找特定的市场营销机会,来指导营销战略的制订。在市场营销战略制订过程中,评估企业机会和障碍会涉及对企业情况的分析,包括企业的经济状况、消费者情况和其外部环境因素。首先,要根据企业市场营销能力来检查企业的优势和劣势,同时对企业过去的经营成果以及市场营销的优势、劣势进行评价,了解企业的威胁和机会,在市场竞争中抓住威胁;其次,要进行销售和管理的成本研究;最后,预测企业的销量。通过分析,企业才会发现所希望的竞争优势、革新技术和获得新市场的机会,以及可能遇到的障碍。

3. 市场定位,确定目标市场

市场定位就是确定企业及产品在目标市场上所处的位置。企业根据竞争者现有产品在市场上所处的位置,针对顾客对该类产品某些特征或属性的重视程度,为本企业产品塑造与众不同的、给人印象鲜明的形象,并将这种形象生动地传递给顾客,从而使该产品在市场上占有适当的位置。

目标市场是指企业进行市场细分之后,拟选定进入并为之服务的子市场。企业将整个市场划分为若干个子市场,对子市场的需求进行分析,并开发适销对路的产品,采取与之对应的市场营销组合。在确定目标市场的过程中会受到众多因素的影响,如消费者的消费水平、生活习惯等。

4. 制订市场营销组合策略

市场营销组合策略是企业实现市场营销战略的行动方案。它比较复杂又具有综合性,涉及产品、分销、促销、价格四个因素。这四个因素也称为市场营销组合因素。市场营销组合策略也是通过这几个方面将市场营销战略加以执行和落实的。一套完整的市场营销组合策略往往关系到企业的发展,市场营销组合策略是基于企业管销战略而制订的,这要求企业对市场机会、目标市场、企业自身优劣势、竞争者情况等因素进行分析,从而制订企业的市场营销组合策略来作为实施企业营销战略的方向,最终达到促进企业发展的目的。

7.3.2 产品策略技巧

通常,拿到一个市场预测,首先做的就是将图表信息转换成易于读识的数据表。通过这样"数字化"转换以后,我们可以清晰地看到各种产品、各个市场、各个年度的不同需求量和毛利。通过这样的转换,我们不仅可以一目了然地发现不同时期市场的"金牛"产品是什么,还可以凭其做出正确的战略决策。

更重要的是,通过将市场总需求量与不同时期所有企业的产能相比较,可以分析出该产品是"供过于求"还是"供不应求"。通过这样的分析,就可以大致分析出各个市场的竞争激烈程度,从而可以确定广告费。

除了考虑整体市场的供需情况外,还可以将这些需求量除以参赛的队数,得到一个平均值。那么在投广告时,如果计划今年出售的产品数量大于这个平均值,那么你可能需要投入更多的广告费以争得更多的市场份额。相反,如果计划出售的产品数量小于这个平均值,那么相对来说可以少投入一点广告费。

除了以上根据需求量分析以外,广告费的投放有时还要考虑整体广告方案,充分吃透和利用以下规则:若在同一产品上有多家企业的广告投入相同,则按该市场上全部产品的广告投入量决定选单顺序;若市场的广告投入量也相同,则按上年订单销售额的排名决定顺序。如果公司在某一市场整体广告费较高,或者公司前一年度销售额相对较高,则可以适当优化部分产品的广告费用,从而实现整体最优的效果。

7.3.3 广告策略技巧

广告就像排兵布阵,面对不同的地形和不同的对手,选择不同的兵种和兵力。我们要从生产总监哪里知道我们的库存和产能,知道了自己的兵力情况,再布兵(打广告)。如果我们要争夺市场老大,那么在打广告的时候就要尽量集中在目标市场抢占销售额,如果不需要争夺市场老大,我们就需要把广告投到利润高的市场和产品上,来争取更大的即时利润。

其次营销总监应该还是一个整理记录者。

(1)整理:把每种产品在每一个市场每一年的盈利情况和需求量尽量准确地整理出来(一般就是平均,市场中总是有几个价格高但量少的单,也会有价低但量大的单),这张表就是今后沙盘运行中的军事地图,总经理的决策应该有 30% 来自这张表。

(2)记录:记录竞争对手的选单情况,以便监视对手的产品库存量,进一步推算出对手在后续市场的产品输出能力,再制订自己的选单策略,在选单尤其是竞单的时候,这个工作极为重要。

7.4 生产总监操作攻略

每一年,生产总监都需要根据销售总监和总经理制订的企业经营计划来制订相应的生产线投资计划,选择用什么样的生产线来生产,然后根据销售总监获得的订单情况来合理地安排生产,而销售总监在选择订单时需要生产总监提供生产线的产能信息。

根据生产总监提供的产能信息,销售总监才能选择可按期交付的、高利润的订单组合,这样就可以避免选择订单过多而造成违约的情况。这个时候就要求生产总监熟悉企业投资的生产线,以及生产线的产能和数目,生产总监尽可能在销售总监选择订单时就排好本年度企业的生产过程和产能,并且企业一开始的生产线肯定不能只建设一条。要建设几条生产线,分别为什么线型,情况会特别复杂,这对于生产总监的要求很高。

7.4.1　生产运作制订战略

制订生产运作战略时,首先应分析企业面临的内外部环境,这些环境主要有以下几方面:

(1) 宏观环境。

影响生产运作战略制订的宏观环境包括自然环境、政治法律环境、经济环境、社会文化环境和技术环境。自然环境是指自然界提供给人类各种形式的物质资料,如阳光、空气、水、森林、土地等。政治环境是指企业市场营销活动的外部政治形势,法律环境是指国家或地方政府所颁布的各项法规、法令和条例等,它是企业营销活动的准则,企业只有依法进行各种营销活动,才能受到国家法律的有效保护。经济环境包括国民消费水平、收入分配、投资水平、国民生产总值、国内生产总值、家庭数量和结构、经济周期、就业水平、储蓄率、利率等。经济环境影响一国或某地区的需求规模、结构,从而影响企业资源的投向,进而影响企业的发展方向。社会文化环境是指在一种社会形态下已经形成的价值观念、宗教信仰、风俗习惯、道德规范等的总和。任何企业都处于一定的社会文化环境中,企业营销活动必然受到所在社会文化环境的影响和制约。技术环境是指企业所处的社会环境中的技术要素以及其他相关要素。这些环境都会影响生产运作战略的制订,技术环境对生产运作战略制订的影响较大,技术的发展不仅影响产品的开发和服务,也影响生产的组织和工艺水平。

(2) 行业环境。

行业是指由生产类似产品、满足同类用户需求的企业组成的群体。行业中同类企业的竞争能力和生产能力将直接影响企业的生存与发展,特别是在开发新产品时,更应该考虑行业环境。

(3) 市场环境。

企业的需求状况将直接影响企业的产品开发能力的配置。如果市场对本企业的产品需求量大,企业将决定扩大生产能力,满足社会需要;如果市场对本企业的市场需求逐渐下降,那么企业必须考虑技术转产或者开发其他产品,实现生产能力的转移。市场环境主要包括顾客、供应商以及其他利益群体。但在现代生产系统里,往往把市场环境中的顾客和供应商纳入系统中,作为系统的内在条件来处理。

(4) 企业总体战略、经营层战略和其他职能层战略。

要分析企业总体战略和经营层战略,研究它们对生产运作战略制订的具体要求,同时也要充分考虑其他职能层战略对生产运作战略制订的影响,从整体效益角度进行考虑来制订审查运作战略。例如,企业的库存,从生产角度来看,为了保证生产的稳定性和连续性,防止出现原材料短缺现象,希望保持一定数量的库存,但财务部门从企业效益的角度来看,希望尽可能地减少库存,彼此之间存在矛盾。因此,在制订生产运作战略时,不但要考虑自身目标,也要考虑企业总体目标以及相关职能部门的目标。

(5) 企业生产能力。

企业生产能力将直接影响企业生产运作战略目标的制订,如生产计划的制订必须以生产能力为基础。

生产运作战略的制订程序如下:

① 编制制订战略任务说明书。说明制订生产运作战略的目的、意义、任务、内容、程序、注意事项等。

② 进行环境分析,包括内外部环境和内部条件。评价企业的外部环境时,特别要评价在这种环境下企业所面临的机会和威胁。对于企业内部条件,主要是分析企业的优势和劣势,以便确定符合企业环境的战略目标。

③ 制订战略目标。根据企业的总体战略目标、企业的战略使命以及对企业内外部环境的分析,确定企业生产运作战略的目标,如生产能力利用目标、生产率目标、质量目标、产量目标等。

④ 评价战略目标。对战略目标要进行较为全面的评价,评价可以根据企业的实际情况,从定量、定性两个方面进行。

⑤ 提出备选战略方案。根据企业生产运作战略目的以及企业所面临的内外部环境,实事求是地制订战略方案。方案不是唯一的,而应该是针对不同的条件制订出多种方案,以供选择。

⑥ 选择战略方案。要对每个方案的成本、收益、风险以及它们对企业长期竞争优势的影响进行评估,运用定性和定量方法选出一个最满意的方案。

⑦ 实施战略方案。对已选的方案,要组织实施。为了更好地实施方案,应制订行动计划,分派决策责任并建立协调和控制机制。另外,应积极动员全体员工参与实施工作,这是战略方案成功实施的关键所在。

7.4.2 生产线的选择

一个企业想要占有高的市场份额就必须销售大量的产品,没有足够产能的生产线就无法与对手竞争,即使有订单也不敢接,因为造成毁约违约更是得不偿失。下面介绍常见的几种生产线:

(1) 手工生产线,灵活,生产效率低,同样是一年5万元的维护费用,但生产效率远远不及其他生产线。不需要安装、转产灵活和折旧费低是它的优势。

(2) 自动生产线,折旧费用适中。既能使生产效率达到最大,也能保证平均单位产品综合费用最小。缺点是适应市场变化，灵活性差、转产周期长。不建议转产，可用到最后。除非对市场和原材料把握准确，否则不建议转产。

（3）柔性生产线，适应市场变化灵活性强，生产效率和自动生产线一样是最高的。缺点是折旧费用高，不建议多建设，一般准备一条转产备用即可。

为使效益最大化和权益最优化，自动生产线是最佳选择，因为折旧率和权益直接挂钩，自动生产线的生产效率和综合发展分值和柔性线是相等的，实为竞争利刃（性价比最高）。

7.4.3 生产线的灵活运用

生产线如何安放的问题一直没有特定的方案。第一年年初会议，总经理和各部门总监安排生产线，但是在第二年到第六年这一段时间里什么时候安装生产线、安装什么生产线就是很有必要研究的问题，这就是所谓的"开源"。要想多获取利润，就必须想方设法扩大产能，但是如果时机选择不恰当，就会弄巧成拙。选择增加生产线的时机，要把握好以下两点：

（1）看市场的需求，看宏观总需求量，看现在所剩的比赛组数。

（2）看自己的权益和现金流是否足够用于生产线的建线、是否还需租赁厂房、建完生产线后用于原材料购进的费用是否足够、有没有用于生产产品的现金等。

7.5 采购总监操作攻略

采购总监年初要参加订货会，获取订单，根据订单在年中的时候提出预算申请，去原材料市场预订原材料，去原材料仓库收货和付款，去现货交易市场购买原材料。年初和年中的时候要在生产上线上预配好原材料，年中和年末的时候要填制采购的统计表。采购总监要记住原材料采购市场的原材料数量各年不同，要与生产之间沟通并计算好时间，提早下订单以避免原材料短缺导致生产停产，要实时核对库存原材料数量，避免浪费金钱，造成公司不必要的损失。

7.5.1 材料计算问题

销售总监和生产总监如果获得了生产线产能的具体排布情况，在选择订单时就有了目标和侧重点。在安排生产时，一个重要的问题就是原材料的计算。如果原材料的计算不够精确，那么会出现以下弊端。

1. **占用资金过多**

过多原材料的购入会占用一部分企业运营资金，经常这样就会使企业错过很多发展机会。比如没有资金投入研发，没有资金进行下一步生产等。此时大多数人会想到贴现，但是贴现是要付出财务费用的，财务费用增多就会降低权益，这对企业发展是不利的。而我们可以在原材料采购上下点功夫,来节省这些财务费用。

2. 生产安排条理不清

如果生产总监对于原材料的需求没有清晰的概念,就会使得生产、采购的操作步伐混乱,导致有时会因缺少一个原材料而需要紧急采购的情况,而紧急采购造成的损失是会降低权益的。

7.5.2 材料采购攻略

作为采购总监,主要负责原材料的采购,包括采购什么材料,采购多少,什么时候进行采购。在接到生产总监的生产计划之后要及时计算好所需的所有原材料。采购的整个计算过程是相当复杂的,因为五种产品所需的原材料不同,采购提前期也不同,必须把这些都记牢了,不然就会延误生产,进而延误交货,如果延误交货就得扣除相应的违约金,这样权益就会降低。

根据产能和生产订单合理安排材料订购。由于不同材料的订购提前期不同,因此需要合理安排材料的订购时间,同时对材料的采购费用做好预算,保证企业正常的生产。企业运营的第一年,材料需求量不多,在这方面不是十分注意,而在后几年,随着产品需求量的增加,逐渐注意材料订单的时间安排,同时尽量在结束年时做到零库存。

7.6 财务总监操作攻略

在一个企业中,财务处于核心地位,企业中的任何一个部门、任何一个员工都需要与财务人员打交道,而 CFO 更是财务模块的主要人物,因此更加需要与各个部门协商合作,统领企业资金的运转。财务是一个团队的"计划中心",任何企业经营方案都要经过财务的精密核算才能确定其可行性,从而降低风险。财务总监要具备快速核算多种预案的能力,其工作量很大。所以,其组员都必须懂得财务知识,这样才能做到与自身职位密切结合,研讨出更科学的方案,提高决策的效果和效率。

7.6.1 融资财务策略

资金是企业的血液,是企业生产经营活动的支撑,处于发展中的企业更需要大量资金,能否提供充足的资金,从根本上决定了企业的发展空间和发展速度。在 ERP 沙盘模拟对抗中,一旦模拟企业的现金断流,其生产经营活动将无以为继,模拟企业就将宣告破产。

1. 负债经营原则

负债经营原则的基本原理就是在保证财务稳健的前提下充分发挥财务杠杆的作用,为股东谋求收益最大化。负债经营是一把"双刃剑",一方面,如果企业经营状况良好,投资收益率大于负债利息率,则获得财务杠杆利益,达到"借鸡生蛋"的目的;另一方面,如果企业经营状况不佳,投资收益率小于负债利息率,则产生财务杠杆损失,甚至导致企业因不堪重"负"而濒临破产。

2. 长短贷结构合理

在 ERP 沙盘模拟对抗中,银行信贷是模拟企业的基本筹资渠道。长期贷款和短期贷款各有利弊:短期贷款资本成本低,但财务风险大,很容易造成还不了到期的贷款而陷入困境;如果公司开局选择只使用短期贷款,那么就要计划好公司可以形成一种借短期贷款还短期贷款的模式,保持权益不下降是关键。抢订单,应收及时收回。使用长期贷款则相反,财务风险小,但较高的资金成本侵蚀了企业的利润空间,导致企业"干得很辛苦,就是不赚钱"。如果公司开局选择长期贷款满额使用,那么企业在随后的抢单时必须谨慎,每一年的产品基本上要保证完全销售,而且公司所获取利润的最低要求与公司支出的费用持平,只有这样公司的权益才不会下降。所以,在制订筹资策略时,必须合理安排长短贷的比例,使资本成本和财务风险达到均衡,让借来的钱创造出更多的利润。

3. 控制贷款额度

(1) 卡权益。

根据 ERP 沙盘模拟对抗规则,所有长贷和短贷之和不能超过上午年末所有者权益的 3 倍。在模拟经营的前两年,由于权益较低,卡权益数以保证下一年的贷款额度非常重要。

(2) 保权益。

为保证下年度融资能力,可以通过以下方式保权益:①推迟或放弃 ISO 认证投资。市场对 ISO 认证需求一般出现较迟,同时要求 ISO 9000 和 ISO 14000 的订单更稀少,因此,为保权益,首当其冲就是削减 ISO 投资支出。②减少一个或两个市场开拓投资。市场并非越多越好,关键看能否提升企业的效益。因为市场准入资格的获得需要付出资金及时间代价,如果开发出的市场不能发挥应有的作用,则开发就是失败的。

4. 出售厂房

厂房处理往往是"新手不会用、高手不需用"的状况,但事实上,出售厂房也是一种应急筹资方式。

7.6.2　财务控制技巧

财务的控制,主要是指控制企业的现金流,包括控制贷款、控制贴现、迅速做现金计划等。

1. 控制贷款的方式和长短贷款

长短贷款的方案取决于 CEO 的期初策划,即根据企业策划来选择货款方式。从实战的角度讲,一般是先短贷后长贷,控制权益。长贷一般是现金流不足以还短贷或不足以投放广告时采用的,但是也不排除因为要扩大生产或加大产品广告投资等原因。

"滚短贷"是指循环借新的短贷来还到期的旧的短贷。控制好"滚短贷"一定要注意现金流,一旦出现现金流断流而又无法再使用权益贷款或贴现,企业可能会破产,所以一定要有比较周密的预算。长贷要注意过多的财务费用会导致权益的下降,如果能控制住这两点的话,选择长短贷就要依据策划的需要了。

2. 贴现

贴现的贴现率和长贷的利息基本是一样的,但是贴现不占用贷款额度,不会影响其他贷款的数量。如果是主动贴现(即不只是为了还贷),应该能给资金的运用带来很大的灵活性(现金流回快)。但是,贴现会减少企业应收款的额度。如果是靠贴现来循环现金流的话,则会造成很大的财务费用,权益下降过快会拖垮企业,所以融资的时候一般情况下不考虑贴现。当然,有些时候为了进行下一步生产,创造更大的利润,贴现还是可以选择的。三种融资方式都要求财务总监必须能够精准地计算出资金的需要量,灵活应用,互相结合。

7.6.3 财务验证技巧

现金流量表、财务报表是大多数人容易出错的地方,仅仅知道"资产=负债+所有者权益"的公式是不能满足财务验证要求的。

首先要了解现金预算表和财务三大表(综合费用表、利润表、资产负债表)的组成结构。

在满足"今年制造费用+今年材料=今年在制"的前提下,可得出以下结论:"今年的利润表中的直接成本+今年的库存产成品+今年的库存原材料=去年的库存产成品+去年的库存原材料+去年的期末在制品+今年第一、第二、第三季度的材料采购费用总和+今年第一、第二、第三季度的制造费用总和"。

若不满足前面的"今年制造费用+今年材料=今年在制"的前提条件,则必须把制造费用、在制品、材料这三个因素考虑在内,即将该条件等号的左右边加到基础公式的左右边,得出以下公式:"今年的利润表中的直接成本+今年的库存产成品+今年的库存原材料+今年第四季的制造费用+今年第四季的材料采购费用=去年的库存产成品+去年的库存原材料+去年的期末在制品+今年第一、第二、第三季的材料采购费用总和+今年的制造费用总和+今年年末在制品"。

利润表中营业利润由"三营三费资公投"组成,即:

$$营业利润=营业收入-营业成本-税金及附加-销售费用-管理费用-财务费用-资产减值损失+公允价值变动损益+投资收益+其他收益$$

附录 A　实训辅助工具

表 1　第　　年经营过程记录表

操作顺序	请按顺序执行下列各项操作。各总监在方格中填写原材料采购/在制品/产品出库及入库情况。其中，入库数量为"＋"，出库数量为"－"。季末入库合计为"＋"数据相加，季末出库合计为"－"数据相加			
年初	新年度规划会议			
	参加订货会/登记销售订单			
	制订新年度计划			
	新市场开拓/ISO 资格投资			
	支付利息/支付应付税			
	更新贷款/贷款还款/申请贷款			
	期初现金盘点			
序号	原材料/在制品/产品库存台账	一季度	二季度	三季度	四季度
1	季初盘点（请填数量）				
2	原材料入库/更新原料订单				
3	原料订单				
4	购买/租用——厂房				
5	更新生产/完工入库				
6	新建/在建/转产/变卖——生产线				
7	紧急采购原料（随时进行）				
8	开始下一批生产				
9	更新应收款/应收款收现				
10	按订单交货				
11	产品研发投资				
12	厂房——出售（买转租）/退租/租转买				
13	支付管理费				
14	更新厂房租金				

序号	原材料/在制品/产品库存台账	一季度	二季度	三季度	四季度
15	其他现金收支情况登记				
16	支付维修费				
17	出售库存				
18	计提折旧				
19	应收款贴现				
年末	结账				
	现金收入合计				
	现金支出合计				
	期末现金对账				

备注：该表格由 CEO 持有,每完成一项任务时在相应的单元格内打钩,确保所有工作都如实执行,主要运用于学生了解整个工作流程。

在每年的新年度规划会议中,企业各管理人员提出自己的想法,财务总监进行现金的预算,填写如下表所示的现金预算表,预算这一年中资金是否可以保证不断流,以便确定如何投资、交货的先后顺序等。最后根据预算现金状况,CEO 联同小组成员确定最终运营方案。

表 2　现金预算表

项　目	1	2	3	4
期初库存现金				
市场广告投入				
支付应付税				
支付长贷利息				
支付短贷利息/到期短贷				
原材料采购支付现金				
购买/租用——厂房支付现金				
生产线投资				
转产费用				
工人工资				
收到现金前的所有支出				
应收款到期				
产品研发现金支出				

项　目	1	2	3	4
新市场开拓/ISO 资格投资				
支付设备维护费				
计提折旧				
新市场/ISO 资格认证				
其他				
库存现金余额				

要点记录：

第一季度：_____

第二季度：_____

第三季度：_____

第四季度：_____

年度总结：_____

表 3　生产计划安排表

厂　房		A/B/C/D			
序号		1	2	3	4
生产线类型					
产品种类					
第 X 年	第 1 季度				
	第 2 季度				
	第 3 季度				
	第 4 季度				
建设费用					
加工费用					
转产费用					
维修费用					
折旧费用					

填写方式说明：

（1）该表格由生产总监来完成，填写完成后交给采购总监，方便采购总监根据生产计划买原材料。

（2）生产线类型中写入"柔"（代表柔性线）、"自"（代表自动线）、"手"（代表手工线）。

（3）维修费用则按照生产线建设情况计算，如果已经建设完成可以进行生产的（系统中生产线图标亮）就要计算维修费。

表4　完工产品交付清单

年　份	产品交付统计表					
	产品种类	P1	P2	P3	P4	P5
第1年	第1季度					
	第2季度					
	第3季度					
	第4季度					
第2年	第1季度					
	第2季度					
	第3季度					
	第4季度					
第3年	第1季度					
	第2季度					
	第3季度					
	第4季度					
第4年	第1季度					
	第2季度					
	第3季度					
	第4季度					
第5年	第1季度					
	第2季度					
	第3季度					
	第4季度					
第6年	第1季度					
	第2季度					
	第3季度					
	第4季度					

填写方式说明：该表格由生产总监来完成，填写完成后交给营销总监，方便营销总管根据此表选择订单。

表5 订单详细信息表

单号	市场	产品	数量	总价	年份	货期	账期	交货时间	收钱时间	成本	利润	违约金

　　订单登记表用于记录本年取得的客户订单。参加完每年的订单会后,营销总监负责填写订单登记表,以便于生产、查询及财务总监做账。

表6 原材料推算表

		生产计划				生产需求材料				库存材料				实际需求材料				采购计划				费用
		P1	P2	P3	P4	R1	R2	R3	R4	R1	R2	R3	R4	R1	R2	R3	R3	R1	R2	R3	R4	
第1年	第1季度																					
	第2季度																					
	第3季度																					
	第4季度																					
第2年	第1季度																					
	第2季度																					
	第3季度																					
	第4季度																					
第3年	第1季度																					
	第2季度																					
	第3季度																					
	第4季度																					
第4年	第1季度																					
	第2季度																					
	第3季度																					
	第4季度																					

		生产计划				生产需求材料				库存材料				实际需求材料				采购计划				费用
		P1	P2	P3	P4	R1	R2	R3	R4	R1	R2	R3	R4	R1	R2	R3	R3	R1	R2	R3	R4	
第5年	第1季度																					
	第2季度																					
	第3季度																					
	第4季度																					
第6年	第1季度																					
	第2季度																					
	第3季度																					
	第4季度																					

原材料:P1 原材料 R1,P2 原材料 R2＋R3,P3 原材料 R1＋R3＋R4,P4 原材料 R2＋R3＋2R4。

提前期:R1/R2 为 1 季;R3/R4 为 2 季。

填表说明:

(1) 该表由采购总监来完成,确保原材料购买回来即能投入生产,不产生库存暂用资金。

(2) 生产计划部分数据来源于生产总监提供的生产计划安排表,根据生产计划安排表各个产品的生产安排计算填入该表。

表 7　综合管理费用明细表及利润表

项　目	金　额	项　目	金　额
管理费		销售收入	
广告费		直接成本	
设备维护费		毛利	
损失		综合费用	
转产费		折旧前利润	
厂房租金		折旧	
新市场开拓		支付利息前利润	
ISO 资格认证		财务费用	
产品研发		税前利润	
信息费		所得税	
合　计		年度净利润	

在编制完利润表的基础上,财务总监还要负责资产负债表的编制。

表 8 资产负债表

项 目	金 额	项 目	金 额
现金		长期负债	
应收款		短期负债	
在制品		应交所得税	
产成品		—	—
原材料		—	—
流动资产合计		负债合计	
厂房		股东资本	
生产线		利润留存	
在建工程		年度净利	
固定资产合计		所有者权益合计	
资产总计		负债和所有者权益总计	

表 9 广告和 ISO 汇总表

表(一)

第 2 年	本 地	区 域	ISO 9000	ISO 14000
P1				
P2				
P3				
P4				
P5				
合 计				

表(二)

第 3 年	本 地	区 域	国 内	ISO 9000	ISO 14000
P1					
P2					
P3					
P4					
P5					
合 计					

表(三)

第4年	本　地	区　域	国　内	亚　洲	ISO 9000	ISO 14000
P1						
P2						
P3						
P4						
P5						
合　计						

表(四)

第5年	本　地	区　域	国　内	亚　洲	国　际	ISO 9000	ISO 14000
P1							
P2							
P3							
P4							
P5							
合　计							

附录 B　实训纸质材料

第　　年 ERP 沙盘模拟经营情况及操作思路记录表

经营思路	（概括经营思路与指导方针）				
经营成绩		综合排名		产品研发	
				市场开拓	
				ISO 体系开发	
				厂房及生产线	
经营反思					
成功					
失误					
调整方案	（说明后续如何改进调整）				

ERP 沙盘模拟经营实训总结

姓　　名		学　　院		班　　级		
学　　号		实训时间		实训组别	第　　组	
公司名称		实训岗位				

本次实训主要操作内容（不少于 150 字）

记录实训任务的关键要素（不少于 100 字）

体会与感想（不少于 100 字）	自我评定成绩（请打钩）
	A　B　C　D
	CEO 评定成绩（请打钩）
	A　B　C　D

企业经营报告(不少于 800 字)

　　　　　　　　　　　　　　　　　　　学 生 签 字:
　　　　　　　　　　　　　　　　　　　CEO 签 字:
　　　　　　　　　　　　　　　　　　　日　　　期:

教师评语

　　　　　　　　　　　　　　　　　　　指导教师签字:
　　　　　　　　　　　　　　　　　　　日　　　期:

测试题目

提示：本测试题目的规则全部参照 6.4 中官方标准规则模板。

一、单项选择题

1. 每年运行的总时间是多久？　　　　　　　　　　　　　　　（　　）
A. 75 分钟　　　　　　B. 80 分钟　　　　C. 85 分钟　　　　D. 90 分钟

2. 什么岗位可以申请销售订单？　　　　　　　　　　　　　　（　　）
A. 总经理　　　　　　　　　　　　　B. 销售经理
C. 总经理和销售经理　　　　　　　　D. 全岗

3. 每个月的管理费用由谁上缴？　　　　　　　　　　　　　　（　　）
A. 财务总监　　　　　B. 总经理　　　　　C. 销售总监　　　　D. 生产总监

4. 下列人物中，谁能操作时间的进度？　　　　　　　　　　　（　　）
A. 财务总监　　　　　B. 总经理　　　　　C. 销售总监　　　　D. 生产总监

5. 采购总监的年初任务清单是？　　　　　　　　　　　　　　（　　）
A. 参加订货会，获取订单　　　　　　B. 预算经费申请
C. 原材料市场预订　　　　　　　　　D. 原材料仓库收货和付款

6. 生产总监的年初任务？　　　　　　　　　　　　　　　　　（　　）
A. 参加订货会　　　　B. 新建生产线　　　C. 转产　　　　　　D. 出售生产线

7. 销售总监的年初任务？　　　　　　　　　　　　　　　　　（　　）
A. 参加订货会，获取订单　　　　　　B. 预算经费申请
C. 产品交货　　　　　　　　　　　　D. 临时交易市场获取订单

8. 财务总监的年初任务？　　　　　　　　　　　　　　　　　（　　）
A. 参加订货会　　　　B. 贷款申请　　　　C. 每月支付费用　　D. 提取应收款

9. 谁负责应收款项的贴现？　　　　　　　　　　　　　　　　（　　）
A. 财务总监　　　　　B. 总经理　　　　　C. 销售总监　　　　D. 生产总监

10. 谁负责促销广告的投放？　　　　　　　　　　　　　　　　（　　）
A. 财务总监　　　　　B. 总经理　　　　　C. 销售总监　　　　D. 生产总监

11. 谁负责反向拨款？　　　　　　　　　　　　　　　　　　　（　　）
A. 财务总监　　　　　B. 总经理　　　　　C. 销售总监　　　　D. 生产总监

12. 长贷的最大额度是？　　　　　　　　　　　　　　　　　　（　　）
A. 2 100 万元　　　　　　　　　　　　B. 任意贷

C. 往年所有者权益的 3 倍   D. 2 800 万元

13. 4 月 1 日自动线开始技改,经过技改后,生产 P1 产品。请问第一批 P1 什么时候可以产出? （   ）

提示: 自动线生产周期 1 周期,生产单期天数 90 天,技改周期 1 周期,技改单期天数 20 天,技改提升比 0.2。

A. 7 月 1 日   B. 7 月 20 日   C. 7 月 3 日   D. 6 月 12 日

14. 3 月 30 日自动线 P1 在产 18 天后成品可以产成,然后投入生产 P1。请问 P1 的原材料应该在什么时候购买? （   ）

提示: 材料到货的同一天 P1 开始生产;P1 原材料 R1 到货期为 50 天。

A. 2 月 10 日   B. 2 月 28 日   C. 6 月 8 日   D. 2 月 18 日

15. 短期贷款的时间是? （   ）

A. 随时都可以贷   B. 每季度初   C. 每季度末   D. 每年年初

16. 长期贷款的时间是? （   ）

A. 随时都可以贷   B. 每季度初   C. 每季度末   D. 每年年初

17. 短期贷款的还款方式是? （   ）

A. 到期付息即可   B. 到期还本即可

C. 到期还本付息   D. 每年付息到期还本

18. 长期贷款的还款方式是? （   ）

A. 到期付息即可   B. 到期还本即可

C. 到期还本付息   D. 每年付息到期还本

19. 厂房租用的期限为? （   ）

A. 一年   B. 六个月   C. 一个季度   D. 一个月

20. 一个厂房最多可以装几条生产线? （   ）

A. 3 条   B. 4 条   C. 6 条   D. 8 条

21. 在没技改前,以下哪种生产线在第一年的生产效率最高? （   ）

A. 租借线   B. 手工线   C. 自动线   D. 柔性线

22. 建造一条柔性线(不进行技改)需要多少钱? （   ）

A. 50 万元   B. 100 万元   C. 150 万元   D. 200 万元

23. 研发 P3 产品一共需要多长时间? （   ）

A. 240 天   B. 180 天   C. 150 天   D. 210 天

24. 研发 P5 产品一共需要多长时间? （   ）

A. 90 天   B. 120 天   C. 300 天   D. 360 天

25. 在现货交易规则中,原材料的保质期是? （   ）

A. 100 天   B. 300 天   C. 500 天   D. 700 天

26. 一个初级工的计件工资为? （   ）

A. 2 万元   B. 4 万元   C. 6 万元   D. 8 万元

27. 一个高级工的计件工资为？ （　　）

A. 6 万元　　　　　B. 7 万元　　　　　C. 8 万元　　　　　D. 9 万元

28. 手工线的技改提升比例为？ （　　）

A. 0.2　　　　　B. 0.25　　　　　C. 0.3　　　　　D. 0.4

29. 5 月 8 号柔性线开始技改，技改结束后开产，生产 P2 产品。请问 P2 的原材料应该什么时候购买？ （　　）

提示： 柔性线单期生产天数 84 天，技改提升比 0.2，技改天数 20 天。P2 产品原材料 R2 一个、R4 一个，R2 到货期 28 天，R4 到货期 58 天。到货当天，产品投入生产，不能提前到货，技改提升天数四舍五入。

A. R2 为 4 月 10 日、R4 为 3 月 10 日　　B. R2 为 4 月 30 日、R4 为 3 月 30 日

C. R2 为 4 月 20 日、R4 为 3 月 20 日　　D. R2 为 3 月 30 日、R4 为 4 月 30 日

30. 8 月 10 日，由于资金周转困难需要 200.25 万元周转，经过研究决定贴现一笔 7 月 10 日出售的价值 586 万元的 P4 产品，账期 90 天的应收账款，请问一共要贴现多少钱？ （　　）

提示： 贴现率 30 天，0.5；60 天，0.1；90 天，0.15；120 天，0.2。

A. 200.25　　　　　B. 222.25　　　　　C. 210.5　　　　　D. 335.25

31. 生产线折旧年限是？ （　　）

A. 永远　　　　　B. 5 年　　　　　C. 3 年　　　　　D. 6 年

二、多项选择题

1. 总经理任务清单是？ （　　）

A. 市场开发投资　　　　　B. ISO 认证开发投入申请

C. 续租厂房/买转租　　　　　D. 出售生产线

2. 采购总监任务清单是？ （　　）

A. 参加订货会，获取订单　　　　　B. 原材料市场预订原材料

C. 现货交易市场出售原材料　　　　　D. 生产上线预配

3. 生产总监任务清单是？ （　　）

A. 新建生产线　　　　　B. 全线推进

C. 全线开产　　　　　D. 出售生产线

4. 负责销售订单的申请？ （　　）

A. 财务总监　　　　B. 总经理　　　　C. 销售总监　　　　D. 生产总监

5. 总经理年初的任务是？ （　　）

A. 市场开发投资　　　　　B. 控制推进日期

C. 品牌广告投放　　　　　D. 产品投资研发

6. 产品市场分可以分为？ （　　）

A. 亚洲市场　　　　B. 国际市场　　　　C. 本地市场　　　　D. 区域市场

7. OID 的增值规则是？　　　　　　　　　　　　　　　（　　　）

A. 交货无违约　　　　　　　　　　　　B. 贷款无违约

C. 市场份额　　　　　　　　　　　　　D. 付款收款无违约

8. 厂房的生产工人分为哪几种？　　　　　　　　　　　（　　　）

A. 初级工人　　　　B. 中级工人　　　C. 高级工人　　　D. 特级工人

9. 销售库存商品的方式分为哪几种？　　　　　　　　　（　　　）

A. 本地市场销售　　B. 区域市场销售　　C. 国内市场销售

D. 亚洲市场销售　　E. 国际市场销售

三、判断题

1. 短期贷款的利息支付方式是到期还本付息。（　　）

2. 自动线转产周期 1 个周期。（　　）

3. 厂房出售的资金可以立刻到账，没有账期。（　　）

4. 购买的原材料没有及时入库，在超过容忍期限后，缴纳了违约金后，购买的未入库的原材料还可以入库。（　　）

5. 长期贷款、短期贷款的最大限额是往年所有者权益的 3 倍。（　　）

6. 生产线安装时，每一个周期结束需要手动推进一下，才会进入下一个安装周期。

（　　）

7. 每一年市场上的原材料是有数量限制的，并不可以无限购买。（　　）

8. 产品市场分为本地市场、区域市场、国内市场、亚洲市场。（　　）

9. 即使没有到交货时间企业可以提前交货。（　　）

10. 经营成果由"当年利润""当年权益""经营评分"组成。（　　）

11. 年初时段总时间是 30 分钟。（　　）

12. 促销广告的目的是提升该市场中本企业的企业知名度。（　　）

13. 投放促销广告不分市场投放。（　　）

14. 所有的岗位都可以进行任何市场的订单申请。（　　）

15. 进入年末时段，可以查询当年的经营结果排名。（　　）

16. 订单申请各个市场独立申请。（　　）

17. 设定的每季度运行时间一到，系统将自动结束本季度，所有未完成的操作，都将被自动跳转到本季度结束状态，并马上进入下一季度的运行期。（　　）

18. 市场资质研发规则：每年能进行多次投资。（　　）

19. 每年年初阶段投资一次 ISO 研发工作，下年年初阶段完成本次研发。

（　　）

20. 促销广告只有在年初订货会申请订单前的时段才能投放，仅投放当年订货会期间有效影响企业知名度。（　　）

图书在版编目(CIP)数据

ERP 沙盘模拟运营实训教程 / 刘洁，闫沛辰主编. —
南京：南京大学出版社，2019.6(2022.4 重印)
ISBN 978 - 7 - 305 - 22276 - 4

Ⅰ. ①E… Ⅱ. ①刘… ②闫… Ⅲ. ①企业管理－计算
机管理系统－教材 Ⅳ. ①F272.7

中国版本图书馆 CIP 数据核字(2019)第 104194 号

出版发行 南京大学出版社
社　　址 南京市汉口路 22 号　　　　邮编　210093
出 版 人 金鑫荣

书　　名 **ERP 沙盘模拟运营实训教程**
主　　编 刘　洁　闫沛辰
责任编辑 张亚男　武　坦　　　　编辑热线 025 - 83592315
照　　排 南京开卷文化传媒有限公司
印　　刷 南京百花彩色印刷广告制作有限责任公司
开　　本 787×1092　1/16　印张 9.25　字数 202 千
版　　次 2019 年 6 月第 1 版　2022 年 4 月第 5 次印刷
ISBN　978 - 7 - 305 - 22276 - 4

定　　价 28.00 元
网　　址:http://www.njupco.com
官方微博:http://weibo.com/njupco
微信服务号:njuyuexue
销售咨询热线:(025)83594756